青少年网球入门教程

全彩图解视频学习版

李雄辉 王萌 刘红伟 编著　　王萌 摄影

人民邮电出版社
北京

图书在版编目（CIP）数据

青少年网球入门教程 ：全彩图解视频学习版 / 李雄辉，王萌，刘红伟编著 ；王萌摄. -- 北京 ：人民邮电出版社，2024.5
ISBN 978-7-115-62958-6

Ⅰ. ①青… Ⅱ. ①李… ②王… ③刘… Ⅲ. ①青少年－网球运动－运动训练－教材 Ⅳ. ①G845.2

中国国家版本馆CIP数据核字(2023)第198540号

免责声明

内容提要

很多人在学习网球前，会认为没有基础学起来会十分困难，实际不然。本书从网球的基本常识、基本动作与要领出发，接着讲解了学习网球的训练方式及双打的战略技巧，为网球爱好者提供了一套系统全面的学习方案。书中的示范教练是从事网球运动训练10余年的PTR认证教练，拥有丰富的训练经验，他将带领您一起走进精彩纷呈的网球世界。

◆ 编　　著　李雄辉　王　萌　刘红伟
　摄　　影　王　萌
　责任编辑　林振英
　责任印制　彭志环
◆ 人民邮电出版社出版发行　　北京市丰台区成寿寺路11号
　邮编　100164　　电子邮件　315@ptpress.com.cn
　网址　https://www.ptpress.com.cn
　北京博海升彩色印刷有限公司印刷
◆ 开本：700×1000　1/16
　印张：7.5　　2024年5月第1版
　字数：146千字　　2024年5月北京第1次印刷

定价：49.80元

读者服务热线：(010)81055296　印装质量热线：(010)81055316
反盗版热线：(010)81055315
广告经营许可证：京东市监广登字20170147号

本书使用说明

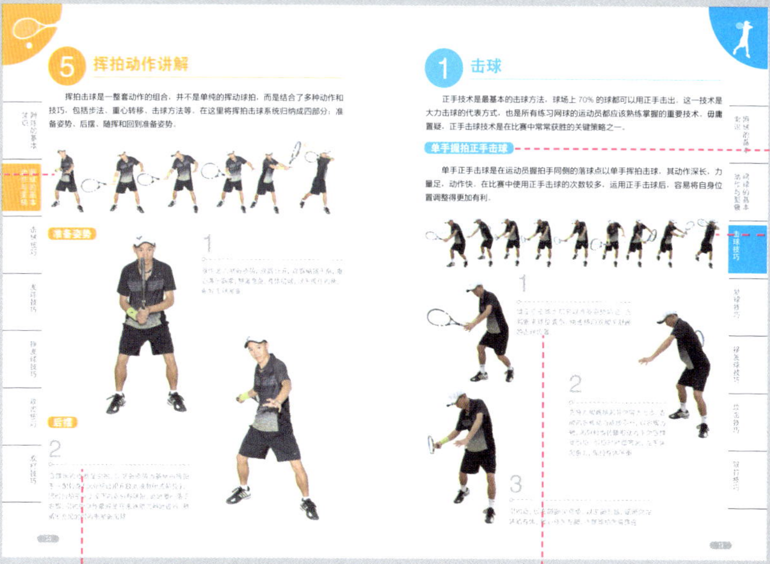

挥拍轨迹。

动作名称。

连续动作分解示意图。

详细的文字描述，说明动作要点。

蓝队队员（佩戴蓝色帽子）。

演示照片。

示意图展示。

红队队员（佩戴红色帽子）。

球的路线标注。

球队标注。

关键信息详解。

目录

第七章 双打技巧 78

第一章
网球的基本常识

网球运动不但有着激情四溢的竞技氛围，还可以展现出球员们独特的高雅气质，因此被称为世界第二大球类运动。网球运动孕育在法国，诞生在英国，开始普及和形成高潮在美国，现今已盛行于全世界。

1 网球的历史

网球运动最原始的形式被称为室内网球，此项运动最早可追溯至 12~13 世纪法国北部传教士在教堂回廊里用手掌击球的一种游戏。

14 世纪中叶，一位法国诗人把这种游戏带到了法国宫廷，以作为皇室贵族男女的消遣。当时这种游戏较为简便，在宫廷大厅中，用布卷成圆形后用绳子绑成球，架起一条绳子为界，以手为拍将球打来打去，法语叫作“Tenez”，英语叫作“Take it！Play”，就是“抓住！丢过去”的意思。今天“网球”（Tennis）一语即来源于此。

到了 15 世纪，人们开始使用木板制的椭圆形球拍代替两手，中间划定界限的绳子也改成了球网以防止球从下部穿过。最初的网球，只是用两个半球填充草、树叶或头发等制成的，随着网球运动的不断发展，网球的制作工艺也越来越精细。

1873 年，英国人温菲尔德对网球运动进行了改进，形成了能在夏天草坪上进行的“草地网球”，且制定了相应的运动规则，因此温菲尔德被人们称为近代网球运动的创始人。1875 年，由英国的板球俱乐部制定网球比赛规则，并于两年后的 7 月在英国温布尔登举行了第一届草地网球比赛。

2 认识场地

标准的网球场地占地面积不小于 670 平方米。在这个面积内，有效双打场地的标准尺寸是：23.77 米（长）×10.98 米（宽），有效单打场地的标准尺寸是：23.77 米（长）×8.23 米（宽），在每条端线后应留有余地不小于 6.40 米，在每条边线外应留有余地不小于 3.66 米。球场中的两端安装有网柱，两柱间设有球网，间距是 12.80 米，网柱高是 1.07 米。网球场分为室外场和室内场，球场表面也各不相同，表面的设置皆由经济因素所决定。

草地场

网球落地时与地面的摩擦力小，球的反弹速度快是草地球场最为显著的特点，在草地场上比赛对球员的反应、灵敏、奔跑的速度和技巧等要求非常高。因此，“攻势网球”在草地球场上占有绝对的优势。攻击性较强的选手利用发球上网、随球上网等各种上网强攻战术掌握了赢得比赛胜利的关键因素，而底线型选手保守的打法在草地网球场难有建树。

红土场

红土场地更确切的说法是“软性场地”。一年一度的法国网球公开赛即为红土场地的典型代表。另外，网球场地中常见的沙地、泥地等也都可以称为软性场地。软性场地的特点在于其表面较为粗糙，在球落地时与地面的摩擦力更大，球速更慢。因这一特性，球员在场地跑动时，尤其是在急停急回时有更大的滑动空间。

硬地场

硬地场一般由水泥和沥青铺垫而成。表面有红、绿塑胶涂层，平整光洁，硬度较高，因其结构特性使球与地面接触后反弹速度很快，弹跳很有规律。硬地场是最普通、最常见、最多运用于比赛中的网球球场，所以备受球员重视。但要注意的是，其硬度高，反作用力强，很容易对球员造成伤害。

地毯场

地毯场的结构是一种将塑胶面层、尼龙编织面层等材质用专门的胶水黏接于具有一定硬度的沥青、水泥、混凝土地面上（有些表层甚至可以黏接在任何有支撑力的地面上）的“便携式”球场，平时不用可卷起收放，既方便又适于运输，有较强的适应性，室内外均可使用。另外，地毯场的保养和维护也相对简单，只要保持场地清洁，无破损、无积水即可。球接触此种场地表面后的运动规律一般要看球场表面的平整或粗糙程度。

3 精通网球规则

发球规则

运动员在发球前站在端线后、中点和边线的假定延长线之间的范围内，将球向空中抛起，用球拍在球接触地面以前的任意时刻击球，发出的球应从网上越过，落到对角的对方发球区内，或其周围的白线上，这样便完成了一次有效的发球（过去的规则是擦网发球作废，重新发球，但 2013 年国际网联修改了规定，擦网不再视为无效，球擦网后的落点才是判断的依据）。整个发球动作中，运动员不得以行走、跑动等形式改变发球所在位置，两脚不得触及其他区域。每局开始，先从右区端线后发球，得或失一分后，应换到左区发球。在第一局比赛结束后，双方互换，发球者成为接发球者。以后每局结束双方互换，直至比赛结束。

失分

发生下列任何一种情况，均判失分：1. 在球第二次着地前，未能还击过网；2. 还击的球触及对方场区界线以外的地面、固定物或其他物件；3. 还击空中球失败；4. 故意用球拍触球超过一次；5. 运动员的身体、球拍，在发球期间触及球网；6. 过网击球；7. 抛拍击球；8. 发球双失误；9. 击球时人的身体触网。

压线球

落在线上的球都算界内球。

计分规则简介

遇到下列情况时，判对方胜 1 分：1. 发球员连续两次发球失误或脚误时；2. 接球员在发来的球没有着地前用球拍击球，或球触及自己的身体及所穿戴的衣物时；3. 在球第二次落地前未能还击过网时；4. 还击球触及对方场区界线以外的地面、固定物或其他物件时；5. 还击空中球失败时；6. 在比赛中，击球员故意用球拍拖带或接住球，或故意用球拍触球超过一次时；7. “活球”期间运动员的身体、球拍（不论是否握在手中）或穿戴的其他物件触及球网、网柱、单打支柱、绳或钢丝绳、中心带、网边白布或对方场区以内的场地地面；8. 还击尚未过网的空中球（过网击球）；9. 除握在手中（不论单手或双手）的球拍外，运动员的身体或穿戴的物体触球；10. 抛拍击球时；11. 比赛进行中，运动员故意改变其球拍形状；12. 对方发球或回球时出界（注意：出界的判法为球的第一个落点是否过第二白线）。

每胜 1 球得 1 分，先胜 4 分者胜 1 局。双方各得 3 分时为“平分”，平分后，净胜两分为胜 1 局。

一方先胜 6 局为胜 1 盘。双方各胜 6 局时，要进行“抢七”。

赛制

网球比赛分为单打和双打两种形式，实行淘汰赛。一场比赛中，男子单打比赛除大满贯赛事和 ATP1000 大师系列赛决赛采用五盘三胜制以外，均使用三盘两胜制。女子比赛全部采用三盘两胜制。

休息时间

分与分之间，运动员拿到球后直至发出，最大间隔 25 秒，单数局结束交换场地时可休息 90 秒，每盘结束可休息 120 秒，每盘的第一局结束后，交换场地时不能休息，在“抢七”比赛中，双方分数相加每 6 分更换一次场地，更换时不能休息。

交换场地

双方应在每盘的第 1、3、5 等单数局结束后，以及每局结束双方局数之和为单数时，交换场地。在“抢七”比赛中，双方分数相加每 6 分更换一次场地。

4 运动装备

球拍　网球拍由拍头、拍喉和拍柄三部分构成，使用时，网球线、避震器等是不可或缺的配件。

1 拍面

网球拍的拍面大小不等，常见的拍面有以下几种。

小拍面：548~580 平方厘米。中拍面：594~658 平方厘米。大拍面：671~742 平方厘米。超大拍面：748~871 平方厘米。

较大的拍面，击球区域也相对较大，不易打空，但速度欠缺，较适合女运动员。小拍面是追求速度和对球有控制力的球员的首选。

小贴士

- 建议初学者选择 645~742 平方厘米之间的中大拍面。

2 材质选择

制作网球拍的材质主要有铝、碳纤维、钛等。铝制作的球拍最重，价格也最低且不够坚固。目前，以碳纤维为主的复合材料所制作的球拍已成为主流，其优点就是硬度较好，对于球拍的稳定性和力量都有很明显的增强。

小贴士

- 因为拍把上还要缠上吸汗带，还可以增厚 0.16 厘米或 0.32 厘米。所以网球拍拍把选择宜细不宜粗。

3 拍把

网球拍的拍把尺寸有大小之分，标准网球拍把在 10~12 厘米之间，相对应的就是欧式拍把的 1 到 5 号柄，国内选择 1、2 号柄的运动员较为普遍。

握拍后，拇指与中指食指间有一个手指的距离证明拍把较为合适。选择拍把需记住：拍把太粗小球难处理；太细不易抓牢，迎击重球时容易被来球将球拍击翻。

4 重量

球拍的重量是选择球拍时的一个重要考虑条件，也能够彰显出一名运动员的击球风格。虽然较重的球拍会影响球员挥拍速度，使其动作迟缓，但是球拍的重量大，惯性随之加大，进而提供了更大的击球力量。而较轻的球拍虽然挥打时减轻了手臂负荷，使动作更加灵活轻便，但对于对方重球来说却较容易翻拍。

小贴士

- 虽然目前的球拍越做越轻，但是建议你可以在不影响自己挥拍动作的前提下选择最大重量的网球拍。

5 球拍长

网球的成人拍中有标准型和加长型两种，标准型长为 69 厘米。加长型球拍一般长 71 厘米，可以增强击球力量，但是对于近身球却较难操控。

6 平衡（头重/头轻）

网球拍属于重头拍还是轻头拍是以球拍的平衡点来判别的，如球拍的重心由球拍中心向拍头偏了 0.31 厘米即为头重型球拍，反之重心由球拍中心向拍柄方向偏了 0.31 厘米即为头轻型球拍，重心偏离中心越远，数字也就越大，头重、头轻的程度也就随之增大。

头重拍适合打底线球，但打网前球比较费力。而头轻拍打网前球省力，而打底线球费力。对于想加强控制力又想锻炼手臂力量的男士来说，头轻拍是个好选择，而对于不想让手臂变得很粗的女士来说，用头重拍较为合适。

小贴士

- 建议初学者选用轻头拍。因为头轻型球拍在执拍击球过程中力度、方向更加容易把握。
- 如何选择一款适合自己的球拍？不妨在与球友的交流练习中试用彼此球拍。

网球

网球如何挑选？对于网球，我们拥有的选择并不比球拍或球鞋少。价格、性能、场地类型、用途以及品牌等等，按照不同的需求，网球也同样分出了很多类型和档次。挑选网球时应该了解一些专业的选购意见。价格当然是需要考虑的要素，网球的软硬程度也是需要关注的重点。

对于初学者，软一点的球打起来速度比较慢，更容易上手，不失为一个好的选择。很多品牌专门针对初学者推出了无压力软球和海绵球。而有一定水平的顾客在挑选网球时，除了软硬度还需要考虑很多其他因素。

球线

网球线有粗细之分，其规格指的是弦横截面的直径，范围从 15~19 不等 ,15 最粗，19 最细。在这之间还有半号的球线，在数字后加“L”以示区别，像一条 16L 的半号球线，其粗细界于 16 和 17 之间。

在选择球线的规格时可根据自身习惯的打法来决定，细线的击球感较好，可较深的吃球以增加球的旋转，便于控制，但细线不耐用，通常喜欢借力击球的网前选手采用比较多；粗线比较耐用，因此适合主动发力的底线型选手。

柄皮

球拍的柄皮分为内柄皮和外柄皮。内柄皮是直接缠绕在球拍握柄上。将球拍内部的材料与外界隔绝，其防水性能较好，较外柄皮更为厚实，有效保护拍柄内纤维组织，延长球拍握柄的寿命。外柄皮常被称为“吸汗带”，这是包裹在内柄皮上面直接与手掌接触的胶布。如果觉得手柄细，那么选用较厚的外柄皮，手柄粗则选用较薄的外柄皮。爱出汗用湿型，反之则用干型。外柄皮的作用，一是保护内柄皮不受外界磨损腐蚀，二则在手掌执拍过程中吸汗防滑。

第二章 网球的基本动作与要领

网球运动中基本功特别重要，练习者要用心领会，并多加练习，将基本动作都熟练掌握，这样才能减少失误。因为在竞技体育中比赛的实质就是失误的比赛，谁失误少，胜利就离谁越近。

1 握拍方法

大陆式

大陆式握拍方法是最常见的一种执拍方法，多用于上网截击、高压球、侧旋球和反手击球。

握拍时（以右手握拍为例），手掌根部与拍柄底端齐平，虎口放在拍柄的上平面与左上斜面的交界线上，拇指与食指呈“V”形、食指与其余三个手指稍分开，并且用食指第二关节扣住拍柄，犹如“扣扳机”。

东方式

东方式持拍法又被称为“万能握拍法”，多用于上旋球和具有很大力量和穿透性的平击球。东方式持拍方法容易发力，挥拍范围也大，是非常适合初学者的一种正手握拍方法。

握拍时，拇指和食指形成的“V”形，虎口底端对准拍柄的右上侧面，抓握球柄。

半西方式

半西方式握拍方式是现在高排名职业选手普遍采用的握拍方法，比较容易加旋转，也方便发力。

握拍时，拇指直伸压住拍上平面，食指下关节握住右上斜面，抓握球柄。

2 准备姿势

准备姿势是网球场上每一次击球前都需要做出的动作。它能够让你快速动起来，跑向来球。

动作要领

在做准备动作时，双眼目视球网，双脚分开略宽于肩，重心下移，双膝微屈，上体微前倾，重心落于前脚掌。手部动作是以右手握拍柄，左手扶住拍颈或握住拍柄上部，手部持拍的高度应定在胸部与腰部之间。

3 击球站位

击球站位在网球运动中是相当重要的技术。网球是一项脚步移动非常重要的运动，学习并且掌握击球站位技术可在比赛中充分运用身体动作，从而形成较好的击球效果。

开放式站位

以两脚平行开立站位击球的方法称为开放式站位法，也称为现代站位击球。

动作要领

以开放式站位击球，两脚分开平行站立，在击球时，向后引拍将身体转动的幅度控制在 60°~90° 之间，随后右脚向前，双腿屈膝，重心落于右脚。接着以右脚为轴，向左转动，注意身体前后移动的幅度不要过大，转动身体和肩膀带动手臂挥拍击球，击球时右脚蹬地，重心移向左脚。

半开放式站位

半开放式站位击球是以双脚平行站立进行击球，只不过幅度要比开放式站位小很多。

动作要领

半开放式站位两脚平行，两脚的前掌连线与底线夹角小于 30°，击球时身体的转动幅度较开放式站位要小，同样在击球时右脚为轴向左微转，身体重心由右至左，前后移动幅度较小，引拍和挥拍动作较为紧凑。

封闭式站位

封闭式站位即为两脚呈前后站立姿势击球，也被称为传统式击球站位法。

动作要领

封闭式站位，两脚前后站立，手臂向后引拍，站位时重心位于后脚，以身体的侧面迎向来球，转动的角度控制在 60° 之内，挥拍击球时重心逐渐前移至前脚，击球的一瞬间，双腿屈膝，向一侧转体带动手臂挥拍击出。

4 基本步法

垫步

在网球比赛中，步法是十分重要的。垫步是基本的步法，属于起步步法，原地垫步可以使击球手快速地向各个方向移动，使击球更加快捷方便。此种步法一般用在对手拍子接触到球时。

1 分腿垫步的主要动作就是“跳”。双腿分开宽于肩膀，双手握拍置于胸前呈准备姿势。接着双膝微屈，重心下移，准备小幅度跳跃。

2 利用脚尖点地身体向上微微跳起，双腿与身体平行，轻轻地跳离地面，脚尖着地。脚跟离地，方便脚尖向球的方向踏步前进。整个分腿垫步的步法动作是在一个很短的时间内完成的。

侧滑步

在比赛中，对手的回球都极尽刁钻，很少有落点在身边且比较好处理的来球，大多数情况都需要接球者不断地奔跑或调整步伐后迅速站稳，回球。侧滑步就是用于两侧移动不太远的正反手击球的调整步法。

1

做侧滑步练习时，先呈准备姿势，右脚向右先跨出一步，左脚跟上向右跨出一步，双脚并拢，同时再将右脚迅速向右跨出完成右侧滑步动作，整个动作需连贯且迅速。

2

左侧滑步的技术动作与右侧相同。先将左脚向左先跨出一步，右脚跟上向左跨出一步，双脚并拢的同时再将左脚迅速向左跨出完成左侧滑步动作，滑步后保持准备接球的姿态。

5 挥拍动作讲解

挥拍击球是一整套动作的组合，并不是单纯的挥动球拍，而是结合了多种动作和技巧，包括步法、重心转移、击球方法等。在这里将挥拍击球系统归纳成四部分：准备姿势、后摆、随挥和回到准备姿势。

准备姿势

1

首先进入准备姿势，双腿分开，双脚略宽于肩，重心落于脚掌，膝盖弯曲，身体前倾，双手握住拍柄，做好击球准备。

后摆

2

后摆球拍也就是引拍，以准备姿势为基础向持拍手一侧转身（此处可选用开放式或封闭式站位），同时持拍手从上至下向后引导球拍，此时重心落于右脚，引拍的动作最好是在来球刚过网时进行，要留出充足的时间来准备击球。

3

身体重心逐渐由后脚移向前脚，膝盖稍微弯曲，迎上击球带给球更大的动能，用拍的中心部分击球，手腕需紧张，在整个挥拍的过程中击球的瞬间挥拍速度是最快的。

随挥

4

击球后，拍面顺势随挥，将拍子沿着球飞行的方向前送，重心移至左脚，身体随之向左转动。

5

随拍挥动要做得长一些，将球拍前松后顺势画弧将球拍摆回至左肩上，左手扶住拍颈，右脚向后蹬地，身体大幅度左转。

回到准备姿势

6

随球挥动球拍后，迅速将球拍回收恢复至准备姿势，完成整个挥拍击球的动作。

第三章
击球技巧

击球是网球运动中最为关键的部分。熟练掌握击球技巧是实现高质量击球的关键。本章将对网球运动中几种不同的击球方法进行讲解。在学习动作技巧后，需要多加练习，熟练掌握。

1 击球

正手技术是最基本的击球方法，球场上 70% 的球都可以用正手击出。这一技术是大力击球的代表方式，也是所有练习网球的运动员都应该熟练掌握的重要技术。毋庸置疑，正手击球技术是在比赛中常常获胜的关键策略之一。

单手握拍正手击球

单手正手击球是在运动员握拍手同侧的落球点以单手挥拍击球，其动作深长，力量足，动作快。在比赛中使用正手击球的次数较多，运用正手击球后，容易将自身位置调整得更加有利。

1

做正手击球之前先以准备姿势站定，当判断来球位置后，快速移动双脚至舒服的击球位置。

2

先将左脚跟抬起并向前方上步，右脚向右转动与底线平行，以右脚为轴，同时转肩转髋带动右手向后摆动引拍。引拍时肘部弯曲，左手伸向前方，保持身体平衡。

3

引拍后，以右脚脚尖点地，以左脚为轴，逐渐向左转动身体，重心移至左脚，手握球拍向前挥进。

4

重心继续向前过渡，适当地弯曲膝关节，继续向前挥拍。

5

身体逐渐左转，盯准来球，击球点在身体的右侧前方不超过腰的高度，对准来球的方向继续向前挥拍。

6

用力蹬后脚，身体重心全部移向前脚，以最快的挥拍速度，使用球拍的中心部分击球，击球的瞬间手紧握球拍。

7

当球接触到球拍后，让球拍与球网平行的时间稍长一些，接着让球拍沿着球飞行的路线前挥。

8

随挥的过程中身体重心落于左脚，逐渐向左转肩，球拍向左肩上方随挥。

9

身体完全转向球网，随挥的动作在左侧肩膀上方结束，拍头指向斜上方，左手扶住拍颈。随挥的动作要比向后引拍的动作大且充分，保证击球的稳定性。随挥结束后，恢复至准备姿势，准备下一次击球。

单手握拍反手击球

反手击球同正手击球一样，也是网球运动中最常用的击球方法，其动作本质是在运动员握拍手相反的落球点进行击球。

在网球击球的练习中，反手击球要比正手击球技术难。一般会先练习正手击球，然后再练习反手击球。由于人习惯在常用手握拍的同侧做动作，正手引拍挥拍相对来说既方便又容易，在正手击球练习有了基础并且熟悉球的弹跳规律后，再练习反手击球就容易一些。

1

在反手击球前先以准备姿势站定，面向球网，双脚自然分开与肩同宽，双膝微屈，右手握拍，左手扶拍颈，身体前倾，重心落于双脚。

2

当球飞来时，迅速将左脚向左转动与底线平行，以左脚为重心，顺势向左转动肩与髋，带动右手向左后方摆动引拍，左手帮助球拍向后，右手肘保持适当弯曲，同时右脚向前上步。

3

看准来球后，从引拍转入向前挥动球拍时，需要用力握紧球拍，保持手腕的稳定性。同时左脚脚尖踮起，为向前挥动施加更多的推进力。

4

逐渐转动双肩、躯干和臀部，右手持拍逐步前挥。

5

身体慢慢向外打开，继续向前挥动球拍，注意手腕固定，身体重心逐渐向前脚过渡。

6

确定击球点。反手的击球点应在身体的左侧前方，以最快的挥拍速度运用球拍的中间部分击球，击球的瞬间球拍与右脚呈一条直线，肘部伸直，手与球拍持平，重心落于前脚。

7

击球后，球拍应平行于球网的时间稍长一些，然后握住球拍沿着球的飞行方向送出。

8

随挥时，重心逐步前移落于右脚，身体逐渐向右转动，球拍随球向前挥动的距离不超过 60 厘米，到达一定的距离后，将球拍向右肩上方挥动。

9

将球拍随挥至右肩上方结束。此时身体大幅度向右转动，身体朝向球网的方向，完成好随挥的动作有助于较好地控制球的方向和落点。完成随挥动作后，迅速恢复至准备姿势准备接好下一球。

双手握拍反手击球

反手击球技术包括单手握拍与双手握拍两种形式。反手双手握拍击球与其他击球技术相比有几项技术较为突出，其中包括准确的回球线路，击球隐蔽，力量大等特点。因此，该技术展现了强有力的攻击性，既可以用来回击来球，又能用于主动进攻。使用双手握拍反手击球技术时，需注意双手握拍的方式方法，在准备姿势中一般右手以大陆式抓拍，左手握住拍柄与拍颈之间的部分。当转身挥拍击球时，右手握法不变，左手改为握拳式的握法，球拍随挥时可以单手挥拍跟进，也可双手握拍跟进。

1

在反手击球前，先以准备姿势站定，面向球网，双膝微屈，右手握拍，左手抓住拍柄与拍颈的连接处，当对方回球后身体准备向后转体引拍，此时，左手应当握住拍柄。

2

当球飞来时，迅速将左脚向左转动与底线平行，同时右脚向前上步，以左脚为重心，顺势向左转动肩与髋带动右手向左后方摆动引拍，左手辅助，右臂伸展，左臂弯曲。

3

看准来球后，从引拍转入向前由下至上挥动球拍时，左手以握拳法抓住拍柄，双手紧握球拍，保持手腕的稳定性。同时左脚脚尖踮起，为向前挥动施加更多的推进力。

4

逐渐转动双肩、躯干和臀部，双手持拍逐步前挥。

5

身体逐渐向外转动，继续向前挥动球拍，注意手腕固定，身体重心逐渐向前脚过渡。

6

确定击球点，以最快的挥拍速度运用球拍的中间部分击球，击球的瞬间球拍与右脚呈一条直线，此时左臂肘部伸直，右臂稍屈，双手与球拍持平，重心落于前脚。

7

击球后，球拍应平行于球网的时间稍长一些，然后双手握住球拍沿着球的飞行方向送出。

8

随挥时，重心逐步前移落于右脚，身体逐渐向右前方转动，球拍随球向前挥动到达一定的距离后，将球拍向右肩上方挥动。

9

将球拍随挥至右肩上方结束。整个随挥的过程都保持双手握拍，此时身体大幅度向右转动，身体朝向球网的方向。完成好随挥的动作有助于较好地控制球的方向和落点。完成随挥动作后，迅速恢复至准备姿势准备接好下一球。

2 上旋球

单手握拍正手上旋球

单手握拍正手上旋球是网球运动中较为基本的击球技术之一，属于进攻性击球，具有主动性，且容易发力。上旋球的击打方法是以球拍从网球的后侧下方向上挥拍产生摩擦，使球有一个向前转动的作用力，其飞行路线呈弧线，虽过网高度较高，但过网后有下坠的轨迹，落地后的反弹角度大，不易出界且让对手不易处理上旋球是极具攻击性的打法。另外在握拍方面，以半西方式握拍更容易打出有质量的上旋球。

1

做正手上旋球之前先以准备姿势站定，当判断来球位置后，快速移动双脚至舒服的击球位置。将左脚跟抬起并向前方上步，右脚向右转动，以右脚为轴，同时转肩转髋带动右手向后摆动引拍。引拍时肘部弯曲，左手伸向前方，保持身体平衡。

2

引拍后右脚脚尖点地，以左脚为轴，逐渐向左转动身体，重心向左脚移动，手握球拍向前挥进。在向上向前快速挥拍之前将球拍降到击球点以下，这是使球产生上旋的关键动作。

3

盯准来球，确定击球点，击球点在右侧前方腰部以下，重心逐渐移向左脚，身体逐渐左转，对准来球的方向由下向上挥拍。用力蹬后脚，以最快的挥拍速度，使用球拍的中心部分击向球的后侧下方部位，击球的瞬间手紧握球拍，手腕保持不动。

4

在腰部下方击球后，球拍倾斜呈45° 自然向上随挥，身体重心全部移向前脚。

5

继续用手握拍随势上挥，身体逐渐向球网一侧转动。

6

以左侧肩部外侧为终点，继续以肘部为轴，向内摆动小臂挥动球拍。

7

挥动球拍的轨迹像汽车的雨刷一样呈扇形在面前滑过。

8

逐渐抬高右臂，肘部上提，身体大幅度向左前方转动，继续向左后方挥动球拍。

9

球拍随势挥至身体的左侧肩部外侧，腰部转动至身体面朝网的方向，完整的随挥动作可有助于增大上旋球的旋转速度和弧度。完成动作后迅速还原成准备姿势。

单手握拍反手上旋球

反手上旋球的原理和击球方法与正手上旋球是相同的。反手的打法关键是需要凭借放松的腕部和大幅度的随球动作，打出强有力的上旋球。反手击球的动作原理是在右脚踏出后，将手腕从下往上挥击，注意手腕不要旋转。

1

在反手击球前先以准备姿势站定，面向球网，双脚自然分开与肩同宽。双膝微屈，右手握拍，左手扶拍颈，身体前倾，重心落于双脚。当球飞来时，迅速将左脚向左转动与底线平行，以左脚为重心，顺势向左转动肩与髋带动右手向左后方摆动引拍，左手帮助球拍向后，右手肘保持适当弯曲，同时右脚向前上步。

技术要点

打反手上旋球时注意力量的分配，不要用力过度，特别是腕部若用力过多，反而会打不出好的击球。扩展半身做大幅度的随球动作，可以给球力量，使之成为威力强大的上旋球。

2

引拍后，以右脚为轴，逐渐向右转动身体，重心向右脚移动，挥拍手臂与转体动作相结合，球拍向前挥进。在向上向前快速挥拍之前将球拍降到击球点以下，这是使球产生上旋的关键动作。

3

盯准来球，确定击球点，注意击球点在左侧髋部前方，逐步由下向上挥拍。

4

重心逐渐移向右脚，身体逐渐右转，用力蹬后脚，以最快的挥拍速度，使用球拍的中心部分击向球的后侧下方部位，击球的瞬间手紧握球拍，手腕保持不动。

5

在腰部下方击球后，球拍呈45°倾斜自然向上随挥，身体重心全部移向前脚，腰部逐渐向球网转动。

6

以右侧肩部的斜上方为终点，继续向外摆动小臂挥动球拍。

7

身体逐渐转向球网的方向，右手持拍继续向外送出。

8

继续挥拍直至球拍停于右肩上方，腰部转动至身体面朝网的方向。

9

为了使随挥的动作协调流畅，球拍挥动至右肩上方处后手腕再向外翻使球拍向外送出，完整的随挥动作可增大上旋球的弧度和力量，随挥动作完成后迅速恢复至准备姿势。

双手握拍反手上旋球

双手握拍反手上旋球是网球初学者比较难以掌握的一类技术。双手持拍击球会受到持拍手的牵制，因此无法像正手击球那样覆盖大面积的击球区域，也无法轻松击出想要的球路。反手上旋球是当今网球运动的主流打法之一，攻击性极强，其特点就是调动全身的力量去击出高速下沉的回球以给对手制造麻烦。在练习双手握拍反手上旋球时要注意双手的握拍方法，一般是以右手采用东方式握拍，左手也反向握住球拍的第二条棱线。练习运用双手握拍反手上旋球对运动员身体的灵敏、协调等素质要求非常高，做好流畅的挥拍练习是掌握此种技术的关键。

1

在击球前先以准备姿势站定，面向球网，双膝微屈，右手握拍，左手反向握住球拍的第二条棱线。当对方回球后，以左脚为轴向左后方转肩引拍，引拍尽量向后，右肩前倾，侧身对网。

2

看准来球方向后，以右脚为轴，逐渐向右转动身体，重心向右脚移动，挥拍手臂与转体动作相结合，球拍向前挥进，此时左手改为握拳式的握法，帮助球拍稳定挥出。

3

逐渐向前挥动球拍，在向上向前快速挥拍之前将球拍降到击球点以下。这是使球产生上旋的关键动作。

4

确定击球点，以最快的挥拍速度运用球拍的中间部分击球的后侧下方，此时左臂肘部伸直，右臂稍屈，双手与球拍持平，重心落于前脚。

5

在腰部下方击球后，球拍倾斜呈45°，然后双手握住球拍向上随挥，腰部逐渐转向右侧。

6

以右侧肩部为终点，继续向外挥动球拍。

7

随挥时，重心逐步前移落于右脚，身体逐渐向右前方转动，球拍随球向前挥动到达一定的距离后，将球拍向右肩上方挥动。

8

将球拍随挥至右肩上方结束，整个随挥的过程都保持双手握拍，身体朝向球网的方向，完成好随挥的动作有助于增强上旋幅度。完成随挥动作后，迅速恢复至准备姿势。

3 截击球

截击球又称为拦网，其原理就是以球拍的拍面由后上方至前下方击打球的后侧下方，使球产生一个由前上方至后下方的旋转，其飞行轨迹较低且落地反弹的高度较低，反弹后前冲的轨迹不明显，对于改变比赛的节奏，破坏对手的奔跑线路都有着绝对的优势。

单手握拍正手截击球

单手正手截击球要求选手能够在网前速战速决，是当今网球运动中主流的技术之一。正手截击球的动作要点在于球拍应从上向前下方运动，击球时拍头高于手腕，击球前后控制拍面角度。

1

在击球前先以准备姿势站定，面向球网，双膝微屈，双手握拍。

2

在挥拍截击时，要先准备好球拍，再移动至来球处准备击球。当判断好正手位的来球位置后，以右脚为轴，向右后方转动肩和髋，完成引拍。

3

正手截击球的引拍动作要简单迅速，幅度要小。引拍动作一定要以转肩为主，引拍后要保持球拍与肩平行，同时眼睛紧盯着来球。

4

向前挥拍时，要随着正手出左脚，盯住来球方向，将球拍由后上方向前挥出。

5

向前挥拍时，重心逐渐向前脚移动，右肩膀紧张、固定。

6

继续向前下方挥动球拍，右肩膀持续紧张用力，不能松懈，利用身体的全部力量有力地击球。

7

判断来球方向后，确定击球点，截击球应尽量赶在身体前方击中球。身体重心完全移至前脚，主动地迎上击球，充分地利用后脚蹬地向前的作用力。

8

球拍由后上方向前下方挥动至击球点碰触球的瞬间，手腕固定控制好拍面以一个倾斜的角度做有效的击球。击球时手腕领先于身体，球拍与手臂呈“V”形。

9

截击球之后，继续保持球拍倾斜的角度，以击球轨迹向前随挥。截击技术的随挥动作比较短，触球后沿击球方向挥出距离不超过 30 厘米，完成随挥动作后迅速恢复至准备姿势。

单手握拍反手截击球

反手截击球与正手截击球的挥拍原理基本相同。身体动作与正手相反，但击球点偏后，拍面略微向上打开。单手握拍反手截击球比正手要容易一些，反手挥拍截击较为简短，更加符合人体结构特点。反手截击球一般用于防御，挥拍时注意用力不要过大，击球后球拍要像做托盘运动一样向下随挥，不可急于收拍，以取得最好的击球线路和效果。

1

在击球前先以准备姿势站定，面向球网，双膝微屈，双手握拍。

2

在挥拍截击时，要先准备好球拍，再移动至来球处准备击球。当判断好反手位的来球位置后，以左脚为轴，向左后方转动肩和髋，用扶拍手向后拉球拍完成引拍，拍头高于握拍手。

3

反手截击球的引拍动作要简单迅速，幅度要小。引拍动作一定要以转肩为主。引拍后要保持球拍与肩平行，同时眼睛紧盯着来球。

4

时间充裕可右脚上步，以增加挥拍击球力量。向前挥拍时，盯住来球方向，将球拍由后上方向前挥出。

5

向前挥拍时，重心逐渐向前脚移动，身体微向前倾，右侧肩膀紧张、固定。

6

继续向前下方挥动球拍，右肩膀持续紧张用力，不能松懈，腰部逐渐向右侧转动，重心落于前脚。当判断好来球后，应尽可能地赶在身体前面击中球。

7

确定击球点，反手截击球的击球点在身体前面 15~30 厘米处，以最快的挥拍速度击球。碰触球的瞬间，手腕固定，控制好拍面微向上翻。击球时手肘领先于身体，左手向后方摆动以保证身体的平衡。

8

截击球之后，继续保持球拍倾斜的角度，击球后球拍对着球的撞击方向送出去，触球后沿击球方向挥出，距离不超过 30 厘米，随挥动作简短，以便能迅速恢复到准备状态。

第四章
发球技巧

发球是比赛中的第一个环节，对于比赛的走势起到至关重要的作用，是唯一可以不受对手控制的技术。良好的发球能够让对手处于被动状态，同时它还是直接得分的利器。

1 如何发球

发球是比赛的开始环节，在网球运动中具有无比重要的地位。它是一项极为关键的技术，也是唯一一项完全凭借个人能力来驾驭的击球方式。发球不受对方干扰，因此在很大的程度上能够发挥出个人的优势。利用发球可以控制对方，为自己的进攻创造有利条件。为此认真学习和练习发球技术对于赢得比赛，至关重要。

平击发球

平击发球是一种强而有力的发球技术，其特点是击出的球飞行接近直线且旋转少。

平击发球的要点在于抛球时要将球抛于身体前方，这样做的目的就是让持拍的手臂在完全伸展开的状态下击球。抛球高度相当于自身身高的两倍左右。屈膝时重心在后腿上，开始挥拍的同时将重心移至前腿。这样可以将力量更有效地施加给球。平击发球时的击球点应在身体的右前上方，以拍面中心平直对准球的后中上部用力击出。同时手腕向前挥甩和小臂的“旋内鞭打”非常重要，身体充分向上向前伸展，争取在最高点击球，以提高发球命中率。

1

发球者先以准备姿势站立（双脚开立同肩宽，侧身左肩对球网，前脚与底线成45°，重心落于后脚，左手握球右手持拍，让球与拍面相触），右手采用大陆式握拍法，左手向前上方抛球，抛球高度高于身体两倍，同时向持拍手一侧转身，右手引导球拍贴近身体像钟摆一样向后摆动。左手保持向上，右手持拍逐渐向后引拍，膝盖弯曲幅度逐步增大，为发球积蓄能量。

2

尽量向后舒展肩、背和手臂，将身体拉开，以获得最大的动能击球，保证发球的速度和力量。

3

引导球拍后摆至一定程度，至少让持拍的大臂不应紧夹在体侧为准，以肘部为轴，小臂、手、拍头依次向体后、背部下吊，同时屈双膝并伴随身体后展呈“弓”状。

4

引拍结束后，盯准下落的球，在屈膝和背弓的动作下，从下往上蹬直踝关节、膝盖，转身朝向出球的方向，反弹背弓带动手臂向上挥拍准备击球。

5

击球过程中，抬头向上，双眼紧盯来球，以肘部为轴，逐渐向上挥拍。

6

确定击球点后，以最快的挥拍速度运用浑身的爆发力击向空中抛出的球，挥拍动作自下而上，一气呵成，尽量在挥拍的最高点将球击出。击球的瞬间手紧握球拍，整个身体完全面向出球的方向。

7

击球后收腹弯腰，以手肘引导小臂、球拍继续沿球飞出的方向自然地下吊跟进，流畅的随挥跟进动作有利于更好地控制出球的线路和力度。

8

手肘引导小臂球拍继续下吊至背后，这一动作仿佛是在用球拍给后背搔痒，故被称为“搔背动作”，这样做是为了使持拍手能够获得足够的摆动速度，从而达到击球的瞬间，力量完全爆发的目的。

上旋发球

上旋发球是一种常见的发球技术，其特点是球飞行的弧度大旋转多，落地后球路发生改变向一侧冲出。这对于接发球者来讲处理起来非常麻烦，因为如来球落地向左弹起，准备和击球都会非常不舒服，所以难以击出高质量的回球。上旋发球较为适合在瞄准对手反手方向时使用。

上旋发球一般会被选手在二发时选择使用，在熟练掌握该技巧后，这种发球方式具有较高的威胁性和成功率。但是上旋发球对于练习者的技术要求很高，想要真正精通并非易事，需反复练习。

1

发球者先以准备姿势站立（双脚开立同肩宽，侧身左肩对球网，前脚与底线呈 45°，重心落于后脚，左手握球右手持拍，让球与拍面相触），右手采用东方式反拍握法，左手向左肩上方身体偏后方抛球，同时向持拍手一侧转身，右手引导球拍向后摆动。

2

左手保持向上，右手持拍逐渐向后引拍，抛球后屈膝顶髋有助于平均分布体重，保持平衡为发球积蓄能量。

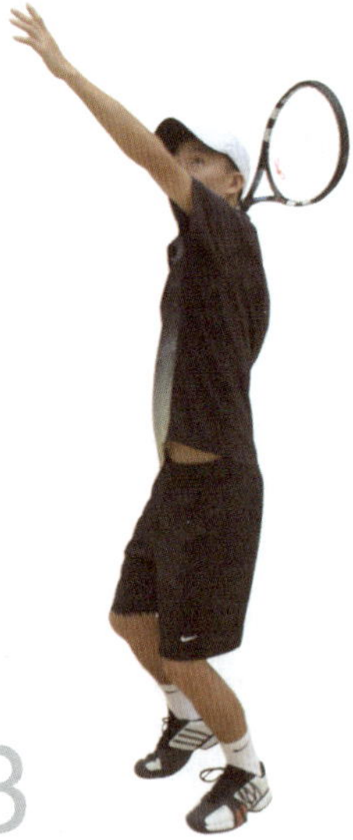

3

引导球拍后摆至脑后，双腿尽量屈膝，以让球员从地面获得更多的能量，从而能够发出高质量的旋转球，背部呈弓形，以便让球员能够在身体的左侧将球击出。

4

当引拍结束后，判断球的方位，在屈膝和背弓的动作下，从下往上蹬直踝关节、膝盖，转身朝向出球的方向，反弹背弓带动手臂向上挥拍准备击球。

5

上旋击球最重要的技术就是球拍摩擦击球的过程，在这里我们可以将球想象成钟表的中心点，而球拍挥动的轨迹即是从 7 点挥向 1 点方向，从下至上且向右外侧呈弧线形挥动。

6

在球下落时，以最快的挥拍速度，运用球拍的侧面由左侧方向右上方呈弧线形击向空中抛出的球，击球时球拍应低于击球点，击出后球拍应高于击球点，击球的瞬间手紧握球拍，使整个身体重心落于前脚。

7

击球后，右手持拍继续向球的 1 点钟方向充分地扣腕挥动，使球离开球拍后有向上运动的轨迹。

8

击球后收腹弯腰，以手肘引导小臂、球拍继续沿球飞出的方向自然地下吊跟进，并让球拍横向扫过身体。

9

身体完全朝向球网，球拍由身前横向扫过后，继续以手肘引导小臂、球拍继续下吊至背后，让持拍手能够获得足够的摆动速度。完整的随挥动作更有助于挥拍发力和控制球路。

侧旋发球

侧旋发球技术是一种以右侧旋转（略带下旋）为主的发球方法，发球时需充分运用手腕爆发力。这项技术的核心是利用球拍的侧面由球的右上方向左下方做切削运动。该技术准确性较高，其动作符合人体的发力特点，动作简单，容易掌握球的旋转、力度和方向，是初学者应该最先掌握的发球技术。由于侧旋发球的成功率很高，所以在心理层面能够不断地提高训练者的自信心。

1

发球者先以准备姿势站立（双脚开立同肩宽，侧身左肩对球网，前脚与底线呈 45°，重心落于后脚，左手握球右手持拍，让球与拍面相触），右手采用大陆式握拍法，左手将球抛向靠近身体右边约 40 厘米处，同时向持拍手一侧转身，右手引导球拍向后摆动。

2

左右手同时向上升起，右手持拍逐渐向后引拍。抛球后屈膝顶髋有助于平均分布体重，保持平衡为发球积蓄能量。

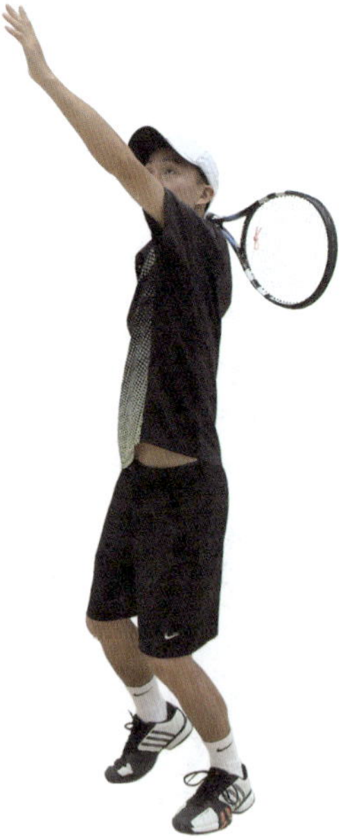

3

引导球拍向后背后摆，双腿尽量屈膝，背部呈弓形，以便积蓄能量发出高质量的旋转球。

4

当球拍垂至背后，需判断球的方位，从下往上蹬直踝关节、膝盖，转身朝向出球的方向，带动手臂由下至上准备向上挥拍击球。

5

重心逐渐过渡至前脚，右手持拍向上挥出，侧旋发球要求挥拍击球时高于击球点，挥拍后球拍低于击球点。

6

右手持拍逐渐挥动至最高点，左手下落，眼朝上方盯准来球位置，确定击球点。击球时，确保右肘伸直，肘部应当在眼睛的上方，同时，头要抬起。这样做的目的是使球拍击中球的正确位置，减少失误。

7

当球拍挥动至最高点时，用最快的挥拍速度以球拍的侧面由球面两点钟方向由外向八点钟方向约120° 角切击，由最高处向下挥拍击球，击球时需要扣腕动作，由上至下，一气呵成。右手臂要有反手运动，连接拍柄与肩部的直线，正好与球网垂直。挥拍击球时重心全部落于前脚。

8

击球后收腹弯腰，以手肘引导小臂、球拍继续沿球飞出的方向自然地下吊跟进，让球拍横向扫过身体。注意随挥时的腕部要有一个向内扣的动作。

9

身体前倾，朝向球网，球拍由身前横向扫过后，继续以手肘引导小臂将球拍摆至左侧髋部后方，注意此时球拍的拍面应几乎与地面平行。整个随挥的过程和球拍的状态是为了增大持拍手的摆动速度和增加切削球的旋转速度，以做到高质量的发球。

2 发球中的战术

发球是比赛的重要技术，也是双方展开比赛的开始。因为发球时自身较为主动，不受对手干扰，所以在发球时应主动采取不同的战术给对手制造麻烦。运用发球战术首先要自身信心十足，以保证有较高的发球成功率。

外角球

常见的球多是发在发球区两个边角的快速球，发球的落点靠近发球区外侧边线的发球就叫外角球。运用外角发球战术时一般是在对手站在内角区域，应运用技术尽量将球向外角发出。发球时可采用切削发球，增大球落地后的外旋幅度，增大对手的接球角度，迫使对手回球质量下降。

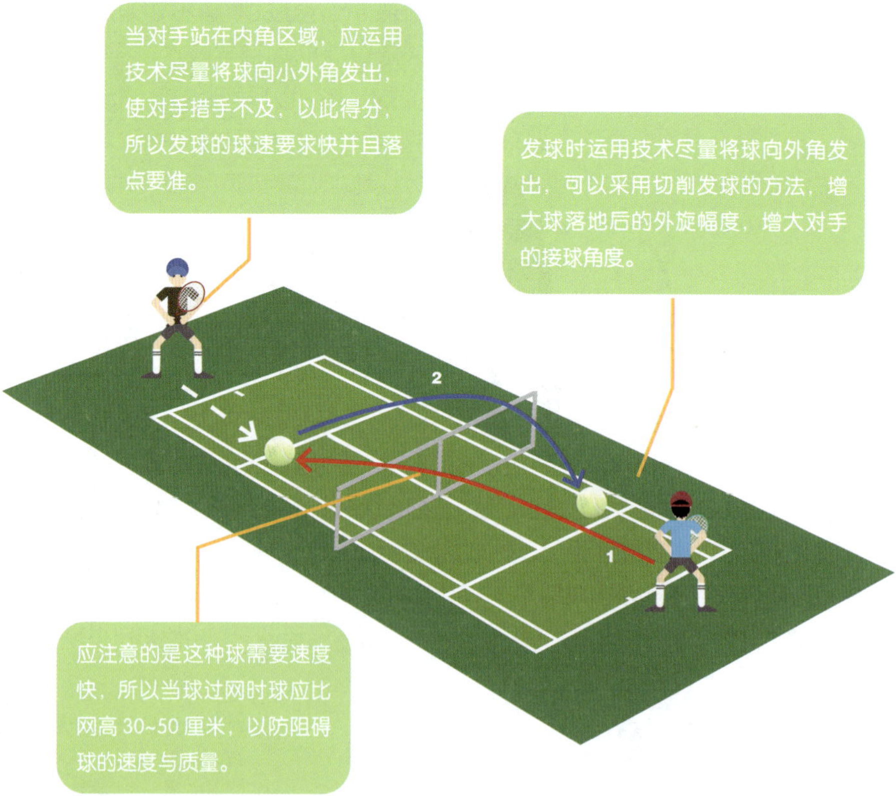
当对手站在内角区域，应运用技术尽量将球向小外角发出，使对手措手不及，以此得分，所以发球的球速要求快并且落点要准。
发球时运用技术尽量将球向外角发出，可以采用切削发球的方法，增大球落地后的外旋幅度，增大对手的接球角度。
2
1
应注意的是这种球需要速度快，所以当球过网时球应比网高 30~50 厘米，以防阻碍球的速度与质量。

内角球

发出的球的落点靠近中线的发球就叫内角球，一般在对手站位靠外侧时使用，在本方右侧发球区域发出的内角球会让对手接起来非常不适，可以大大地降低回球的质量。

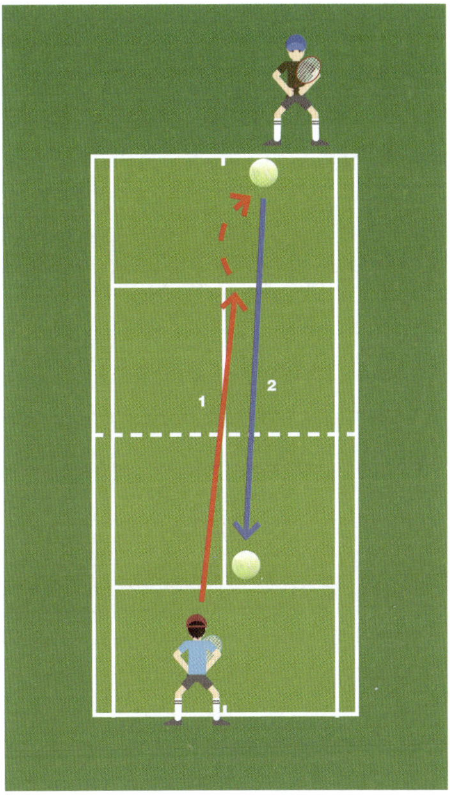

> **技术要点**
>
> 发内角球时，可通过站位制造一个要向外角发球的假象。例如发球时站位越靠外角就会给对手制造一个要向外角大力发球的假象，致使对手预判失误。还可以一开始就站位靠外或是提前移动向外，然后在击球的瞬间运用手腕的动作将球发向内角，造成对方接发球措手不及。

追身球

追身球简单来讲就是发出的球追人而去。球被击出后因为旋转，落地后弹起的方向和人的移动方向一致。在接发球者站位没有大幅度地靠向内角和外角时，可使用力量较大的追身平击发球，将球发向对方的区域中间，由于站位促使对手不能侧身，不能在前侧方击球，也无法发力，导致回球质量下降。当对方回球无威胁时，我方便可直接上网截击得分。

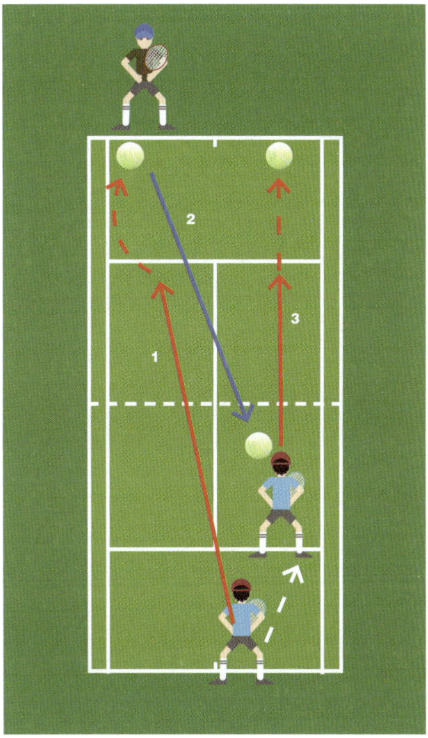

> **技术要点**
>
> 发大力的平击追身球时要迅速、突然，让对手无法进行预判，进而无法准确回避追身球。

3 发球练习

发内角球接回头球

有威胁的发球固然重要，但是在对方接发球过网后，发球者的移动接球对自身能否继续主动进攻起着关键性的作用。一般在发内角球后，对手的回球较深，由于发球者重心前移和随势，接球时需向后调整步伐，回身进行接球，这种方式称作接回头球。

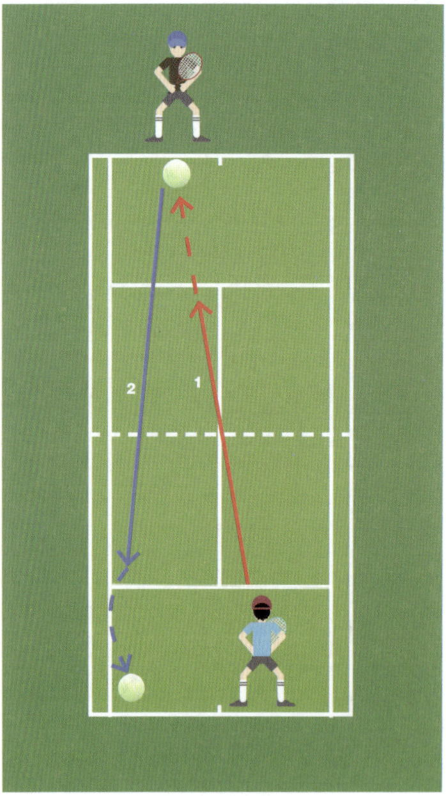

发外角球截回空当

一般在发外角球时，运动员都会选择大力的平击发球，以此直接得分。但充分自信的同时也要留有余地，不可松懈。由于发外角球时，重心前移，会有向发球方向的延续，因此另一侧便成为空当。所以需调整好重心和脚步，以防止对手进行高质量的回球。

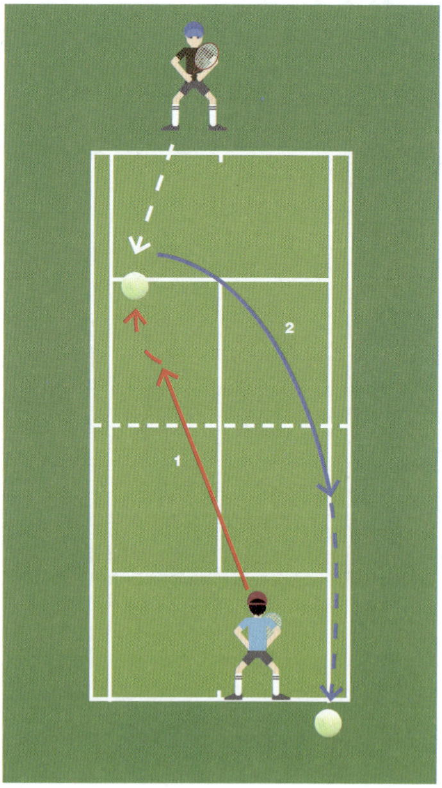

技术要点

当接球方的位置在球场之外的时候，打简单的外角球回击空当，不仅成功率很高，还会让对手拼命追球，从而使自己占据有利的位置。但是此方法需要在跑动中改变球的方向，动作难度较大。

弹不虚发

在发球局中，选手都以发出 ACE 球（球落在有效区内，但对方却没有触及到球而使之直接得分的发球）为目标进行一发。这样既可节省体力又可快速地获胜增强信心。ACE 球是力量和速度的完美体现，需要选手有较强的力量和腰背肌肉协调能力，并准确地运用发球技巧。

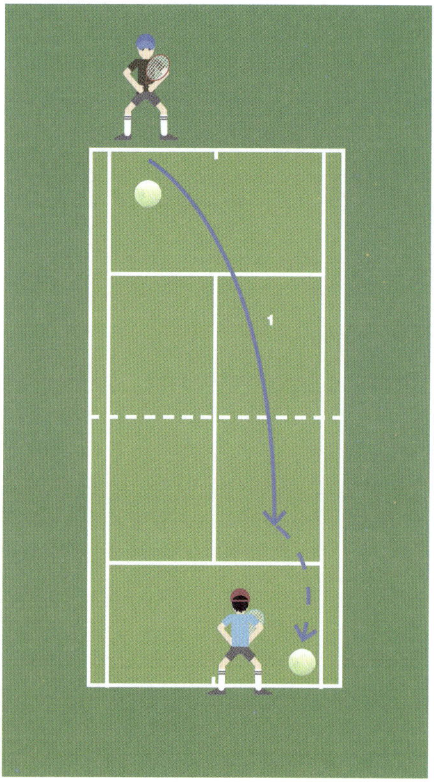

技术要点

想要发出 ACE 球，不断地进行发球训练必不可少。但场外的肌肉力量训练和协调动作训练都要同时进行。准确的发球动作也需要坚实的身体基础来发挥出最大的威力。

对弱点的进攻

在比赛中没有对手的相关资料时，可通过变化发球线路找出对方的弱侧，此后便向其弱侧进攻，增大成功概率。发现对方的弱侧容易，但能将球按照自身的意愿准确地发向弱侧则不容易做到。若想增大成功概率，则要不断地练习，逐渐增加对球的控制，提高击球线路准确度。

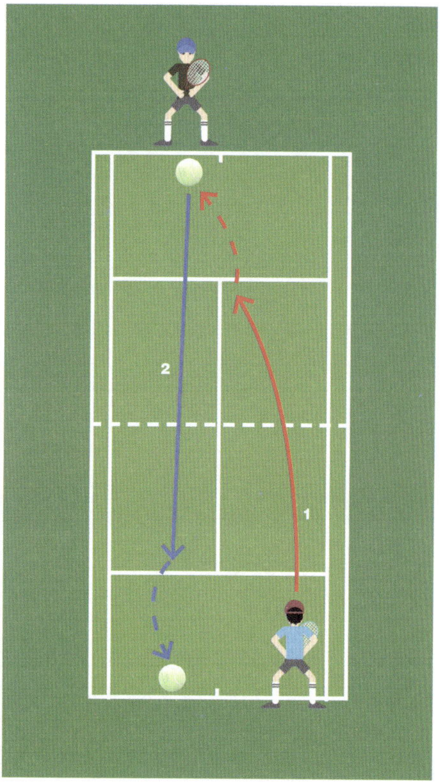

技术要点

在进行体育运动中最忌讳机械的身体运动而不动脑思考。要不断改变发球线路，不要盲目地相持击球，不动脑分析对手回球的线路和挥拍动作的技术运用，这样就无法找到对手的弱点。

第五章
接发球技巧

接发球与发球同样重要，因为不能破发，想赢得比赛就很困难，而接发球是破发的基石。高质量的接发球可以在很大程度上压制住对手的攻势，以此降低自身的压力。

1 接发球技巧

熟练掌握接发球技术是在比赛一开始就争取主动，进而先发制人以取得分数的有效方法。

单手握拍反手接发球

单手握拍反手接发球是较为基础的技术，要求运动员在接对方发向自身反手位的发球时，及时地做好向后引拍的准备，同时引拍的动作也要非常迅速。因此，在绝大多数情况下，运动员只能选择用挡拍或者切削的方式进行回球。虽然这种方式的回球威力稍显不足，但是球路富于变化，是一种极具实用性的接发球手段。

1

在反手击球前先以准备姿势站定，面向球网，双脚自然分开与肩同宽，双膝微屈，双手握拍，身体前倾，重心落于双脚。注意接发球的站位，对方发球的站位离中线越远接发球的站位就越靠外侧。

2

在接发球前，要仔细盯住对方的抛球和挥拍，对球的落点要有所预判，变被动为主动。决定运用反手接发球后，分腿垫步迅速移动至击球位置，随即将左脚向左转动与底线平行，重心落于左脚。随后顺势向左转动肩与髋，带动右手向左后方摆动引拍，左手帮助球拍向后，接发球引拍动作应当迅速且幅度较小。

技术要点

对于大多数非专业的网球爱好者来说，对手的发球并不会像职业比赛中那样难以对付，因此在对手发出球之前做出自己的接球选择就可以了。方法很简单：当你准备接发球的时候，确定自己是想要进攻还是防守。

3

迅速向后引拍后，判断来球方向，顺势向前踏出右脚，重心逐渐向前移动。

4

以右脚为轴，逐渐向右前方转动双肩、躯干和臀部，右手持拍逐步前挥。

5

身体慢慢向外打开，继续向前挥动球拍，注意手腕固定，身体重心逐渐向前脚过渡。

6

确定击球点，以最快的挥拍速度运用球拍的中间部分击球。击球的瞬间球拍与右脚呈一条直线，肘部伸直，手与球拍持平，紧握网球拍，重心落于前脚。

7

击球后，球拍应平行于球网的时间稍长一些，然后将球拍沿着球的飞行方向送出。

8

随挥时，重心逐步前移落于右脚，身体逐渐向右转动，球拍随球向前挥动的距离不超过 60 厘米，到达一定的距离后，将球拍向右肩上方挥动。

9

将球拍随挥至右肩上方结束，此时身体大幅度向右转动，身体朝向球网的方向，完成好随挥动作有助于较好地控制球的方向和落点。完成随挥动作后，迅速恢复至准备姿势，以准备接好下一球。

单手握拍正手接发球

正手接发球同样是接发球技术中较为基础的一项，相比反手接发球，正手可以更好地发力和选择回球的方式。

正手接发球的要点在于对手发球前，观察发球员的抛球线路和拍面的角度，根据个人经验可判断出来球的线路是己方正手位后，就可提前移动，主动出击，利用正手有力地回击。接发球时必须有明确的思路，直线或斜线。把接发球变成有意识的行为，而不是等球发出来后，才做反应，跟着对手发过来的球盲目移动。

1

做正手接发球前先以准备姿势站定，面向球网，双脚自然分开与肩同宽，双膝微屈，双手握拍，身体前倾，重心落于双脚。注意接发球的站位，对方发球的站位离中线越远接发球的站位就越靠外侧。

2

身体移动前要先仔细盯住对方的抛球和挥拍，对球的落点要有所预判，变被动为主动。决定运用正手接发球后，分腿垫步迅速移动至击球位置，以右脚为轴，顺势向右转动肩与髋，带动右手向右后方摆动引拍。

3

逐渐将重心落于右脚，持拍向后方摆动，注意，向后引拍的速度要快，摆动的幅度要看自身的准备和来球的速度，在自身移动迅速准备充分的情况下，可增大引拍的幅度以助于击球更加有力和充分。

4

迅速向后引拍到位后，判断来球方向，顺势向前踏出左脚，重心逐渐向前移动，准备向前挥拍击球。

5

右脚脚尖点地，以左脚为轴，逐渐向左转动身体，重心移至左脚，手握球拍向前挥进。

6

重心继续向前过渡，适当地弯曲膝关节，继续向前挥拍。

7

身体逐渐左转，盯准来球，击球点在身体的右侧前方不超过腰的高度，对准来球的方向继续向前挥拍。用力蹬后脚，身体重心全部移向前脚，以最快的挥拍速度，使用球拍的中心部分击球，击球的瞬间手紧握球拍。

8

当球接触到球拍后，让球拍与球网平行的时间稍长一些，接着让球拍沿着球飞行的路线前挥，身体随着挥拍动作向球网方向转动。

9

身体完全转向球网，随挥的动作在左侧肩膀上方结束，拍头指向斜上方，左手扶住拍颈。随挥的动作比向后引拍的动作大而充分，保证击球的稳定性。随挥结束后，恢复至准备姿势，准备下一次击球。

双手握拍反手接发球

双手握拍反手接发球比起单手反手击球更利于借助肩部的转动和小幅度的挥拍来发力，且双手反拍接发球引拍的幅度本来就小，只要准备到位，就可以把球顶回去。双手握拍反手接发球在威力上有着明显的优势，此项技术特别适用于单手力量不足或双手具有良好协调性的选手来处理反手位的发球。凭借良好的发力，双手反拍接发球的成功率比较高，在处理较低的发球时有非常好的回球效果。

1

做双手握拍反手接发球前先以准备姿势站定，面向球网，双脚自然分开与肩同宽，双膝微屈，右手大陆式握拍，左手握住拍颈与拍柄的连接处，身体前倾，重心落于双脚。注意接发球的站位，对方发球的站位离中线越远接发球的站位就越靠外侧。

2

身体移动前要先仔细盯住对方的抛球和挥拍，对球的落点要有所预判，变被动为主动，决定运用双手接发球后，分腿垫步迅速移动至击球位置，以左脚为轴，顺势向左转动肩与髋，带动双手向左后方摆动引拍。

3

逐渐将重心落于左脚，持拍向后方摆动，注意双手引拍速度要快且幅度较小。

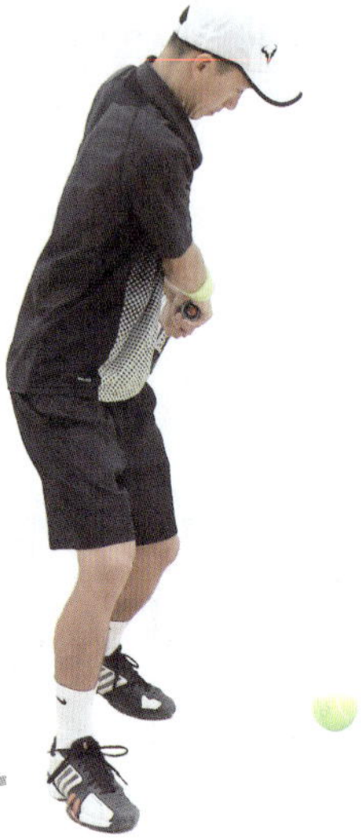

4

迅速向后引拍到位后，判断来球方向，顺势向前踏出右脚，重心逐渐向前移动，准备向前挥拍击球。

5

以右脚为轴，向右前方转动肩与髋，带动球拍向前挥出击球，此时左手改为握拳式的握法，帮助球拍稳定挥出。

6

确定击球点，以最快的挥拍速度运用球拍的中间部分击球，击球的瞬间球拍与右脚呈一条直线，肘部伸直，手与球拍持平，紧握网球拍，使其不发生颤动。此时左臂肘部伸直，右臂稍屈，双手与球拍持平，重心落于前脚。

7

在腰部下方击球，然后双手握住球拍沿惯性向上随挥，腰部逐渐转向右侧。

8

随挥时，重心逐步前移落于右脚，身体逐渐向右前方转动，球拍随球向前挥动到达一定的距离后，将球拍向右肩上方挥动。

9

将球拍随挥至右肩上方结束，看起来就像是用肩膀扛住球拍一样，整个随挥的过程都保持双手握拍，身体朝向球网的方向。完成好随挥动作有助于击球发力和控制击球线路。完成随挥动作后，迅速恢复至准备姿势。

2 接发球的战术

由于接发球时自身比较被动，所以力争主动权是每一个进攻型选手所追求的方向。接发球是一个很复杂的过程，不但要判断发球的旋转、落点、速度，还要分析对手的战术意图，在一瞬间制定自己的战术以便让己方在被动的情况下反控对手，加以抢攻来争取自己的主动权或者相持机会。

接发球上网

接发球上网一般是针对疲软的二发，可给对手发球施加压力迫使其双误。在运用该技术时，为了快速地上网，站位可稍靠前，击球时最好将发球原路线击回，可放小球或切削回球让对手无法强力进攻，为自己争取时间。回球后，迅速上步至网前，进行截击。

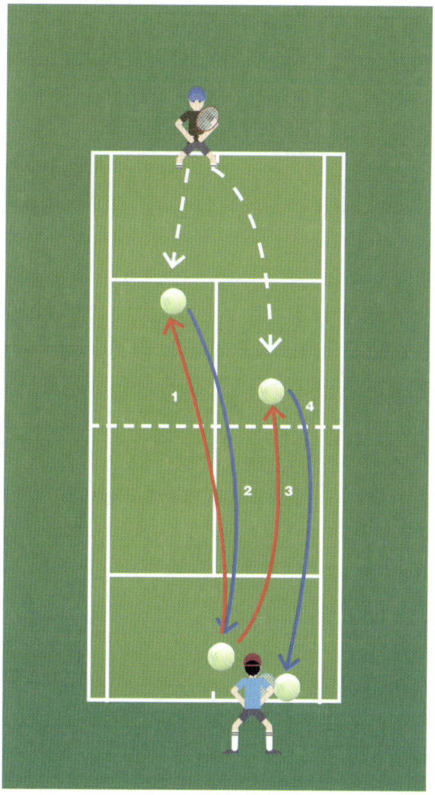

正手接发球抢攻

正手接发球抢攻往往是针对对手的二发，让接发球成为进攻的开始。掌握好第二发球的规律后，在能控制的范围内，可以用正手采取主动进攻的方式向发球的对手发起挑战。

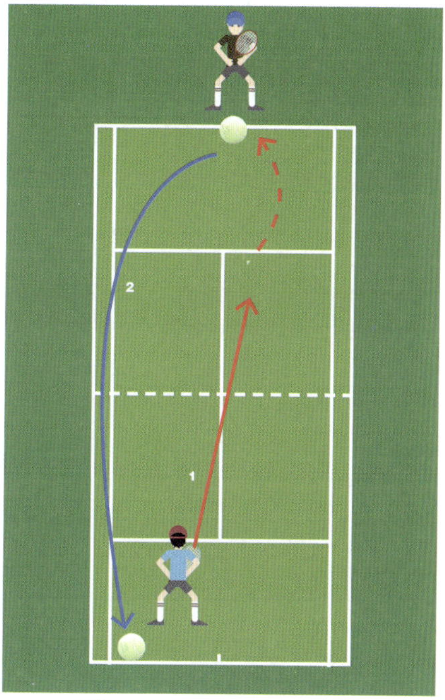

技术要点

当对方发球后，你应该迅速判断，调整步法，抓住最好击球点同时进行攻击。挥拍路线从后上方至前下方，使用上旋、侧上旋或者平击球进行回球。多运用大角度的斜线球提高命中率，从而给对方施加更大的压力。

反手接发球抢攻

反手接发球抢攻与正手道理相同，都是针对对手的二发，让接发球成为进攻的开始，不过反手抢攻是针对于飞向自己反手位的来球。在判断来球方位后，迅速调整身体引拍，在能控制的范围内，用反手挥拍的方式采取主动进攻，击球方式有多种选择，可平击、可上旋。明确进攻的思路，最好出其不意地击向对手因发球而产生的空当。

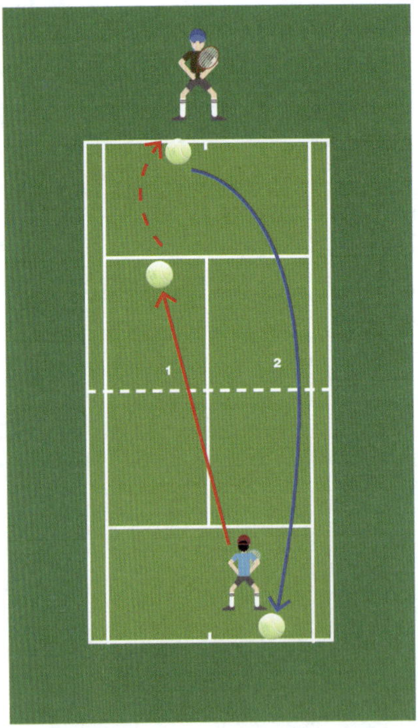

技术要点

反手接发球要求对自身反拍技术加以刻苦训练，同时对此充满信心。否则即使对手的发球疲软无力，在来不及调整步伐侧身用正手回击的情况下，只能用较弱的反手回击，反手的回击根本无法构成威胁，最后主动权依然掌握在发球者的手里。

对软球施压

通常软球是指速度较慢、力量较弱的发球，一旦对手发出软球就是进攻的最有利时机。

对手发出软球，通常可以选择强而有力的直线或者斜线的抽球进行回击并直接得分，或者迫使对手回球无威胁。由于软球速度慢、力量弱，因此快速移动至击球位置时，可充分引拍积蓄力量，引拍动作与脚下的移动要同时完成，在施加力量的合适位置有力地抽击出直线或斜线球。

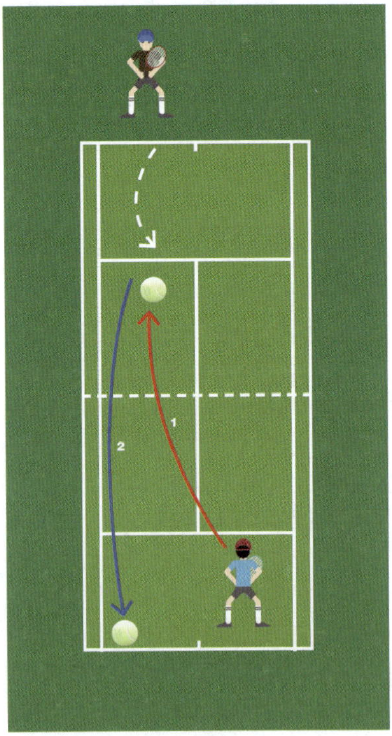

技术要点

只要来球较软都适用正手抽击直线球或斜线球。特别要注意对手的二发，对手往往因为害怕双误而发出软球，此时接发球者就获得了得分的绝佳机会。使用正反手强力抽球时要注意动作不可过于松懈，确保自己不会将球打丢。快速的步伐移动能力也十分重要，要让自己有充分引拍强力挥出的时机。

高弧度球进攻

高弧度球进攻战术一般是为了调动对手，赢得时间，调整步伐，掌握主动权，所以特意将球速降低。

在打斜线球时，弧度应高些，避免对手高压球。高弧度球进攻的战术也可以用于中路深球，回高弧线球到对方反手位。一般对手回球较浅，球不高，可进行扣杀。

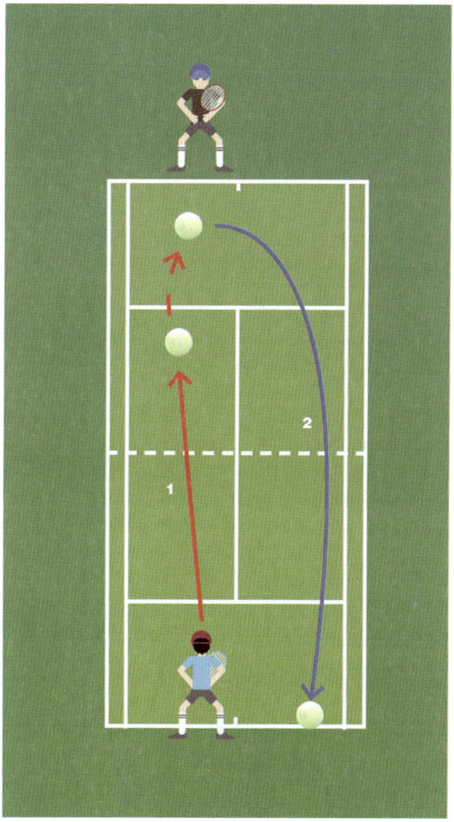

斜线对持回大角度球

大角度回球要求选手有较强的对球的控制能力，持拍击球的准度也要相当精确。大角度回球战术在比赛中的得分率较高，其原理就是通过稳定地用同一线路的深球压制对手后，待来球主动选择变换击球路线，通过用大角度斜线球充分调动对手移动出场，使其暴露较大的空当，为下一拍一击制胜创造条件。

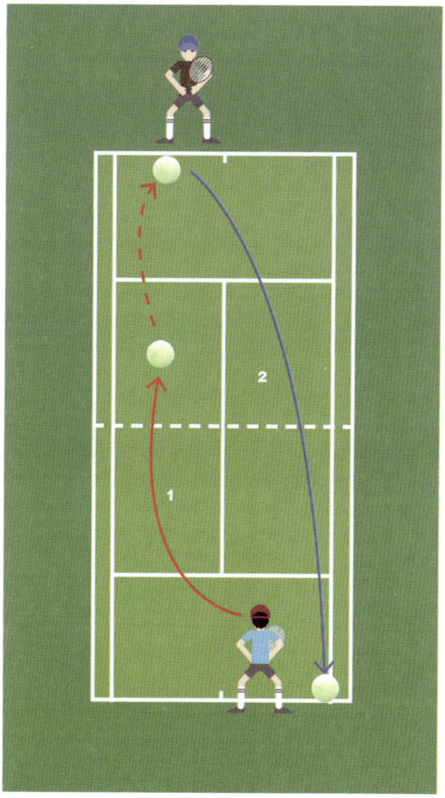

技术要点

在比赛中，若想制造出大角度回球，需要在不断相持中找准时机。如当对方拉球至自己的正手位大角度时，左脚侧蹬，右脚向右大步跨出，手臂和身体尽量向右侧伸出，找到最佳的击球点，让出球呈大角度斜线飞出。

变线攻击

变线攻击的练习有助于自身在比赛中能够轻车熟路地击出有质量的斜线大角度回球。在练习挥拍击球时，多注意转体的时机与速度，找准击球点。一般来说，挥拍的时机越早，就越有可能打出有威胁的斜线球。

在与人对练中，可让对方多回底线球，最好是靠外侧的位置，球速不要太快，而且不断变换方向，使练习者每次都有寻找击出斜线球的机会。在不断的练习中就会找准感觉，掌握正确的出拍、转体的时机。

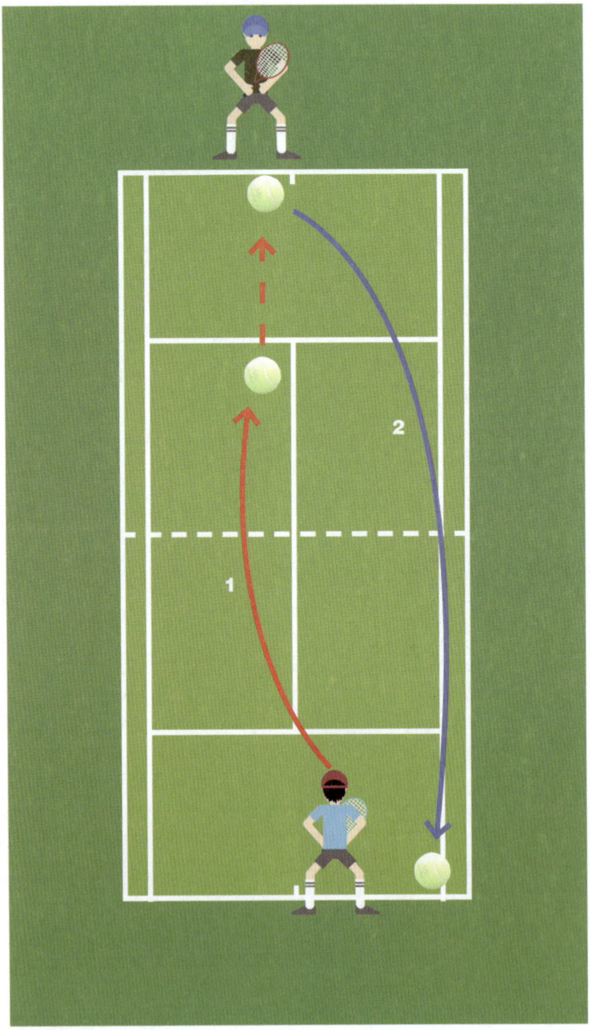

技术要点

在练习击打斜线球时，不要害怕将球击出边线，应先找准动作要点和击球的时机后再逐渐学习控制球路。

第六章
攻击技巧

单纯依靠技术是不能赢得比赛的，在拥有良好技术的基础上再应用战术，才可以保证战术的实施成功。技术动作是构成战术的基本。

1 攻击球技巧

攻击球是网球比赛中最为常见，最具攻击性的一项击球技术，其特点是以正手或反手用力地抽击来球，使球以极快的速度冲向对方的场内，兼具速度与力量。如果能够熟练控制球路，使回球变得刁钻难以判断，攻击球将会成为最犀利的得分利器。

正手攻击球

运用正手攻击球要求引拍要早，当一看清来球方向后，就应该开始引拍，同时迅速移至击球点以准备充分地击出有力的回球。击球时应注意体会“用手掌击球”的感觉，击球时手掌应垂直于地面，球拍头也垂直于地面。

1

在击球前先以准备姿势站定，双腿自然开立与肩同宽，面向球网，双膝微屈，右手以半西方式握拍，左手扶住拍颈与拍柄的连接处。

2

当看清来球后，迅速分腿垫步移向击球点，左脚在前，同时双肩后转，向后引拍。

3

引拍动作一定要以转肩为主，不要使用手腕，直到拍柄的底部对准来球的方向，拍头对准后场停住球拍。左肩垂直于球网，左臂稍向前展开。

4

当球向前接近时，准备挥拍击球。握拍手下降，逐渐向前挥动球拍。

5

向前挥拍时，重心逐渐向前脚移动，双腿屈膝，右肩膀紧张，球拍下降至击球点下方约30厘米。

6

确定击球点，借助蹬地转腰，做前挥击球动作。手持球拍由低向高挥动，重心向前上方转移，以球拍的中间部位击球，击球时拍面与地面保持垂直。要尽量让眼睛盯住球跟随至拍面。

7

击球后，继续挥动球拍做随挥动作，应沿着球飞出的方向，持拍向前上方挥出。随挥时不要抬头，以避免影响击球的动作。

8

随挥的过程中，身体重心落于左脚，逐渐向左转肩，球拍向左肩上方随挥。

9

身体完全转向球网，随挥的动作在左侧肩膀上方结束，拍头指向斜上方，左手扶住拍颈。随挥的动作比向后引拍的动作幅度大且充分，保证击球的稳定性。随挥结束后，恢复至准备姿势，准备下一次击球。

反手攻击球

反手攻击球是指在己方反手位运用反手持拍将球有力地抽击回去的攻击型击球技巧。反手攻击球分为双手反手持拍与单手反手持拍。在比赛中，双手持拍技术较为常见，因为此种方式能够增加挥拍的稳定性，增大回球的力量。反手攻击球与正手攻击球在动作上有一些不同，不能简单理解为反方向的动作，还要关注转肩的幅度，除此之外，更重要的一点是由于反手击球点更靠前，所以在反手击球时需更早地移动至击球位置并且快速地引拍、挥拍和击球。

1

在击球前先以准备姿势站定，面向球网，双膝微屈，右手握拍，左手握住拍颈与拍柄的连接处。当判断来球选择反手位击球后，迅速移动至击球位置，立即转动攻击手的肩部，要把右肩胛骨转向对手，带动球拍后引。

2

当球拍引至拍柄对准来球时，向前踏出右脚，降低球拍，手腕稳固，握紧球拍，双手握拍向前挥动，重心逐渐向前移动。

3

从引拍转入向前挥动球拍时，左手以握拳法抓住拍柄，双手紧握，手腕固定，同时左脚脚尖踮起，为向前挥动施加更多的推进力。

4

逐渐转动双肩、躯干和臀部，双手持拍逐步向前下方挥落，让拍面落于击球点下方 30 厘米处，这样在击球时就能获得一个左下至右上的挥拍动作。

5

球拍下降再向上挥动的击球动作要连贯，注意借助腿部和腰腹的用力，从下向上挥出球拍。

6

确定击球点，在身体前方 30~45 厘米处，以最快的挥拍速度运用球拍的中间部分击球，此时手臂充分前伸，拍面垂直于地面。

7

击球后，双手握住球拍沿着球的飞行方向送出，身体向前上方伸展，臂部须有明显的向前推进和带出去的感觉。

8

随挥时，重心逐步前移落于右脚，身体逐渐向右前方转动，球拍随球向前挥动到达一定的距离后，将球拍向右肩上方挥动。

9

将球拍随挥至右肩上方结束，整个随挥的过程都保持双手握拍，此时身体大幅度向右转动，身体朝向球网的方向。完成好随挥的动作有助于控制好球的方向和落点。完成随挥动作后，迅速恢复至准备姿势，准备接好下一球。

2 攻击球战术

中场斜线球制胜

中场斜线球制胜战术在比赛中得分率较高。由于这种击球方式在己方站位和回球技巧上呈现出过网低、隐蔽性强、击球早、角度刁钻、球速快等特点，因此对手很难回球。

实战运用中可对软弱的回球充分回击后随球上网站于场地的中间部位，当对手预测你将打强力直线球到空当的时候，会向空当处移动，此时运用手腕以一定的角度将球击至对角发球区对方身后，让对手无法回身接球，从而取得分数。

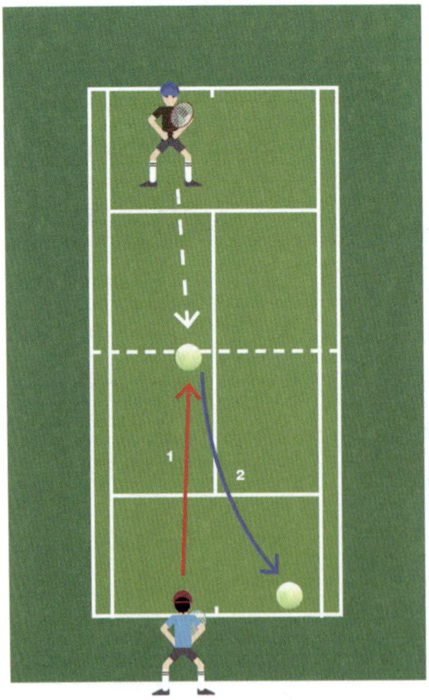

技术要点

当站于中场处，来球高于网口时，除利用正反手制胜球外，还可以打网前急截球作为中场强力斜线球的补充。

“以深破深”

“以深破深”的战术考验着选手的底线技术和相持球的能力。较深的击球可以提高底线球的稳定性、落点及深度，能有效地防止对手上网。此战术的核心是看谁最先失误，或失去耐心就会失分。

想要击出高质量的深球，首先要提高在场上的移动能力，对脚部移动进行高强度的练习。其次在移动顺利的前提下要熟练击球，加强击球的稳定性与落点的准确性。用高质量的中路深球限制对手回球角度，伺机进攻。

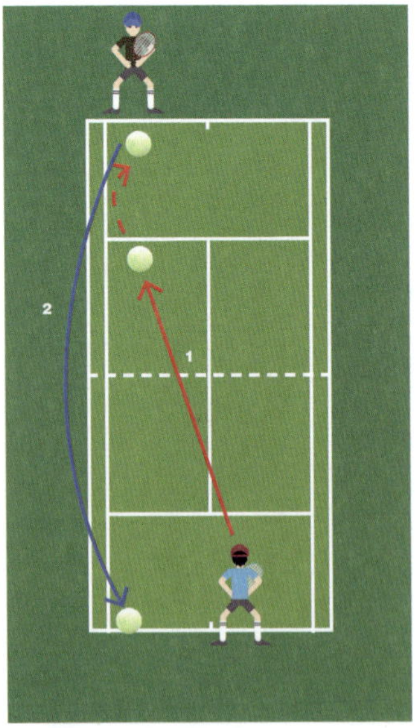

技术要点

应该注意回球的稳定性及过网的高度，同时要适时改变击球的旋转和速度，要让对手难以判断你的击球路线和方式，从而掌握主动权取得胜利。

击向空当

击向空当的练习能够帮助选手在相持过程中发现对方空当后，准确地将球击向对手空当处，让其难以回身接球。

在练习中可与同练者进行相持击球，在几拍过后，可使对方在击球后故意留出一定的空当，然后挥拍将球准确地击向对方的空当，不断地练习击向空当寻找感觉，建立自信，这样就能在比赛中准确击球，准备十足，线路准确。

弧线球

弧线球打起来并不容易，如果不能正确地挥拍摩擦击球，会导致球没有吃准部位产生错误的旋转和飞行高度，很容易让对手截击取分。

在与人练习弧线球时，可让对手回球速度稍快一些，但路线不要太偏，喂球至你击打舒服的位置，然后在不断地练习中找到准确的出球方式和时机，尤其是吃球部位和拍面击球角度，尽量将球打得又转抛物线又高，让对手不得不跟随你的节奏而且又无法做到网前截击。

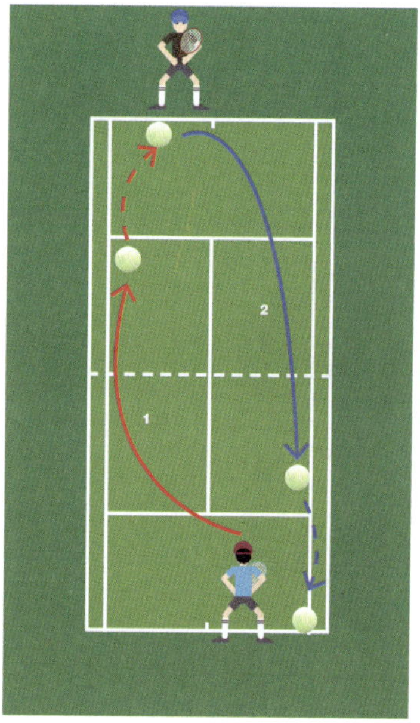

技术要点

在练习弧线球时，可让对手充分地发挥，在其能够做到截击时进行截击，这样能够有效地帮助练习者判断回球高度。如遇到对手截击时，下次就需调整球拍和出球高度，在不断地练习中让手与球拍形成一种熟悉感，使自己在以后真正的比赛中能够准确地掌握弧线高度，避免被动的局面。

3 削球技巧

削球是一种十分重要的技术。一般是下旋球，既具有攻击性又具有较好的防守性。削球过网很低，球落地后弹起也很低，并有前冲或者回弹现象，能够有效地调动对方前后左右奔跑从而获取优胜。在自己被进攻的时候也可以有效地改变节奏以获得时间调整。

正手削球

正手削球在比赛中有着非常高的使用率，是较为主动的攻击手段。使用正手削球在回击短球的时候，由下而上仿佛截击球一样挥拍。相反，回击长球时，应该竖起球拍，如向前推出一样挥拍。球拍面稍微向上，用摩擦的方式击球。球与球拍的接触面越大，就越能够打出有力的削球。

1

在击球前先以准备姿势站定，双腿自然开立同肩宽，面向球网，双膝微屈，右手以大陆式握拍，左手扶住拍颈与拍柄的连接处。

2

在挥拍削球时，要先做好准备并迅速移动至击球处。当判断好正手位的来球位置后，随身体向右转动将球拍拉开，拍面面向来球，重心落于右脚。

3

引拍动作一定要以转肩为主，不要使用手腕，引拍后要保持球拍与肩平行，同时眼睛紧盯着来球。紧接着踏出左脚准备向前挥拍。

技术要点

为了不让对手看清自己的动作蒙蔽对方，准备动作可像是普通击球一样，但要在击球的瞬间改变击球方法，削球过网扰乱对方的移动和节奏。

4

挥拍击球时，盯住来球方向，拍面倾斜 40° 由后上方向前挥出，重心逐渐向前移动。

5

向前挥拍时，重心逐渐向前脚移动，双腿屈膝，右肩膀紧张、固定。

6

继续向前下方挥动球拍，右肩膀持续紧张用力，不能松懈，利用身体的全部力量有力地击球。

7

确定击球点，击球点在身体的侧前方，大约在腰部的高度；非持拍手臂向后摆维持身体的平衡；眼睛注视来球方向，击球时头部固定，身体重心完全移至前脚，主动地迎上，利用拍面削击，充分利用后脚蹬地所产生的向前作用力。

8

当球接触到球拍后，手腕固定，紧握拍柄，让球拍沿着球飞行的路线向前挥出。

9

随挥的动作在胸部左侧结束，拍面向上，随挥的动作比向后引拍的动作幅度大且充分，增大球的旋转且保证击球的稳定性。随挥结束后，恢复至准备姿势，准备下一次击球。

反手削球

当被对手调动出边线时，或无法抵挡对手炮弹般的发球时，反手削球是用来改变场上节奏的最佳利器。反手削球的要点在于后摆引拍的高度、位置、完成向后引拍做好准备的时间早晚、削击球的时机。反手削球时要将球拍正面稍微向上抬高来击球，向回拉球拍的时候要让球拍正面朝上，进攻时注意让球拍与地面基本保持平行，击球后随球动作幅度要大且彻底。

虽然反手削球防守比重较多，但其攻击性也不可小视。利用反手切削小斜线和直线球都可以为选手制造随球上网的机会，以获得截击得分机会。

1

在击球前先以准备姿势站定，双腿自然开立同肩宽,面向球网，双膝微屈，右手以东方式反拍握法，左手扶住拍颈与拍柄的连接处。

2

在挥拍削球时，当判断好反手位的来球位置后，要先做好准备并迅速移动至击球处。以左脚为重心，向左转动肩与髋同时向后引拍。

3

拉拍时手背和拍面都要稍微向上，左手扶住拍颈与拍柄的连接处辅助引拍，准备向前挥拍击球时，先将右脚向前踏出。

4

向前挥拍时，重心逐渐下压且要向前移，拍面与肩部一起向前转动，拍面倾斜至45°。

5

腰部不要过分地转动，依靠转肩产生的力量向前挥拍，挥拍时，两侧手臂同时向外展开。

6

击球时重心移到前脚，保持侧身，千万不要旋转身体，手腕不要故意甩动，也不要刻意保持僵硬。由上至下挥动球拍，在击球点以球拍的侧面削击，击球的瞬间，手腕固定，整个击球动作的关键是拍头的前摆。

7

球完全击出后，重心还是保持在前脚，身体没有过度地旋转，继续握紧球拍向球飞出的方向摆出。

8

击球过后随挥球拍时，重心还是保持在前脚，身体没有过度地旋转。

9

随挥动作在身体的右侧结束，拍头的充分摆出可有效地保证反手削球的质量，从图中可以看出此时拍头已完全超过拍尾，整个拍子几乎与地面平行。

4 削球战术

反手直线放小球

在实战运用当中，当对手预测你可能运用削直线深球战术的时候，会向空当处补位。此时，缩短随挥的轨迹放直线小球，使得其因不及变向而处于被动。再比如与对手在底线相持中，可打出几拍较深较有力的回球，使其站位靠向场外，此时可突然运用反手削球放小球让其来不及跑至接球点，或勉强回球形成网前截击。

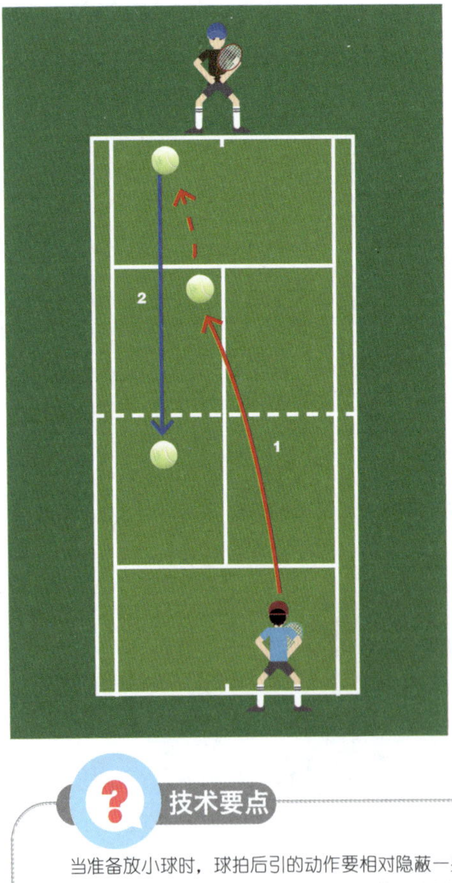

正手直线放小球

正手削球技术较好的选手能够从网球场的任何位置放出小球，甚至还能借助对方回球的力量使球拍充分地摩擦击球让球旋转得很强烈，落地后不但不向前跳，还向后跳回网，让对手望尘莫及。

在实战运用中当对手前后移动得较慢，网前技术差时，可放正手小球把对手从后场引至前场，创造进攻得分机会。当运用大角度斜线球将对手调出场外时，突然放小球，使对手来不及到位。熟练掌握放小球技术，可使我方打法战术多变，令对手捉摸不定。

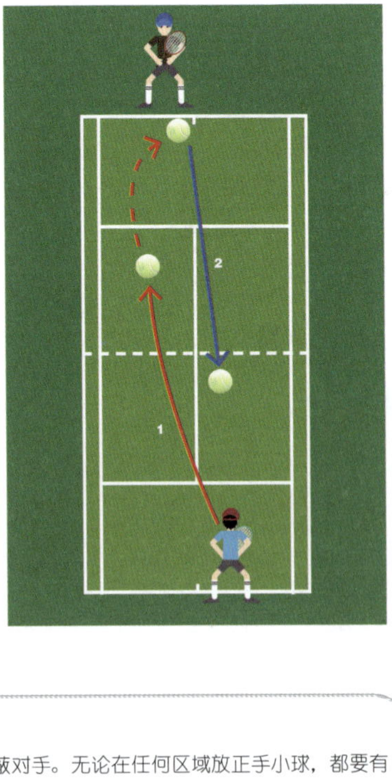

技术要点

当准备放小球时，球拍后引的动作要相对隐蔽一些，用以蒙蔽对手。无论在任何区域放正手小球，都要有较好的脚步移动。不能充分引拍和挥拍，动作不到位都会影响放小球的质量。

5 削球练习

削球转攻

削球转攻是一种破坏对方节奏，掌握主动权由守转攻的战术。

在具体运用中，当己方处于被动时，可充分运用线路较长，距离较远，落点较深的削球控制对手的进攻节奏和回球线路，当对手回球质量下降出现机会时，主动换用平击球或上旋球改为进攻，在破坏对手节奏的同时，掌握主动权。

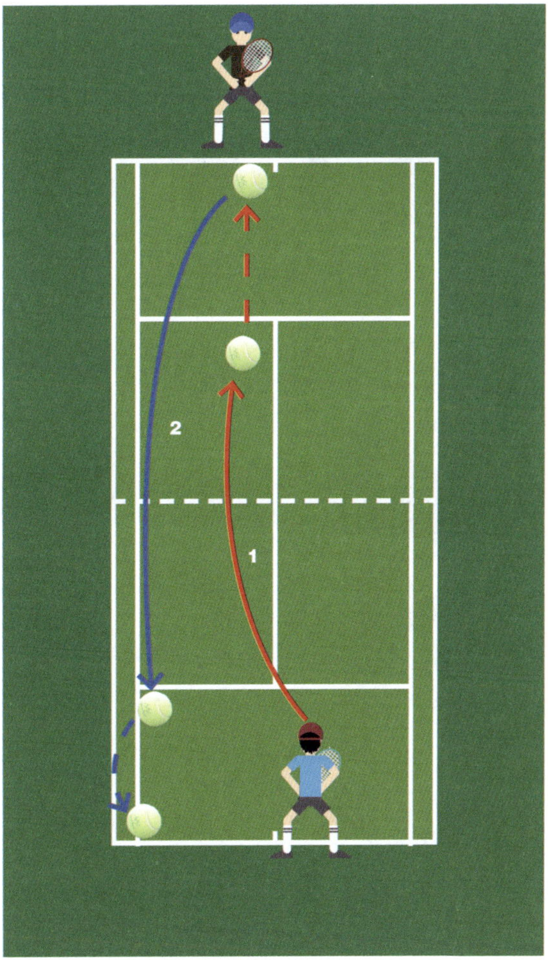

技术要点

削球转攻要做到突然、迅速，遇到机会时要盯准对手的弱侧，用较短的时间调整球拍和步伐，给对手突然的压力，让对手在短时间内无法思考，盲目回球失去主动。

6 反弹球技巧

反弹球就是在来球弹地升起的瞬间迅速将球击出的一种击球技巧。其原理就是来球的反弹上升力很大，而击球者利用前臂带动手腕动作把球借力推挡过网。一般是在离球过远而不能作为截击球来打，或者未能及时接触到球时所选择的快速回击打法。

正手反弹球

正手与反手反弹球都需要球拍后摆较短。想要击出坚实的正手反弹球，击球点必须是在身体前方。在球从地面跳起后，立即使身体向前移动，手腕固定不动用手臂的力量挥拍将球击出。

1

在击球前先以准备姿势站定，双腿自然开立同肩宽，面向球网，双膝微屈，右手以大陆式握拍，左手扶住拍颈。

2

在击反弹球之前应迅速移动至击球处。以右脚为重心，向右转动肩与髋同时向后引拍。

3

向后引拍时，身体重心降低，向后摆动的动作幅度要小而迅速，来球离球网近，拍面就稍向后仰，越接近击球点时，拍面就越接近垂直。引拍完成后准备向前挥拍击球时，先踏出左脚。

4

重心由后向前逐渐过渡，转动肩与髋带动手臂挥拍向前，注意挥拍时要一直保持低重心姿态。

5

向前挥拍时，身体重心逐渐向下，球拍也由上方向前下方挥进。

6

继续向前挥拍，来球越来越近，球拍几乎与地面垂直，尽量降低自身重心和球拍的高度，以便能够顺利地击中球的下部。

7

在球落地跳起离开地面 15~20 厘米的高度时，立即以最快的挥拍速度将球击出。在击球时，要双眼盯在击球点上。让拍头与球拍保持协调，以便两者同时提升。手腕固定、紧锁，保证拍头不低于手腕。

8

击球后让球拍随球的飞行路线挥出，向前挥拍迎球时，应逐渐加快挥拍速度。

9

随挥动作在左肩上方结束，反弹球的随挥动作的长短要看击球的位置，在底线附近击反弹球时，随势挥拍动作要长，近球网击反弹球则挥送动作就要短一些。整个击球的过程都要保持低重心姿态，以保证击球的稳定性。

反手反弹球

反手反弹球的击球点相比正手反弹球要在身体前面更远一些的地方。

反手反弹球的引拍后摆动作与正手反弹球一样短暂迅速，需在球刚跳起时立即击球，击球后有较长的跟球动作，球拍向前向上，身体随着伸直。

1

在击球前先以准备姿势站定，双腿自然开立同肩宽，面向球网，双膝微屈，右手以大陆式握拍，左手也握住球拍的上部。

2

在击反弹球之前应迅速移动至击球处。以左脚为重心，向左转动肩与髋，同时向后引拍。

3

向后引拍时，双膝微屈，身体重心降低，向后摆动球拍动作要快，幅度要小，引拍完成后准备向前挥拍击球时，先踏出右脚。

4

重心由后向前逐渐过渡，转动肩与髋带动手臂挥拍向前，注意此时左手改为握拳式握住球拍，帮助右手平稳地挥拍，向前挥拍要持续保持低重心姿态。

5

向前挥拍时，身体重心逐渐向下向前落于前脚，球拍也由上方向前下方挥进。

6

继续向右转动肩与髋带动手臂挥拍，来球离身体越近时，球拍几乎与地面垂直，尽量降低自身重心和球拍的高度，以便能够顺利地击中球的下部。

7

注意反手反弹球的击球点要比正手再离身体前方远一些以便能够较好地发力。在球落地跳起离开地面15~20 厘米的高度时，立即以最快的挥拍速度将球击出，在击球时，要保持双眼盯在击球点上，手腕固定、紧锁，保证拍头不低于手腕。

8

击球后让球拍随球的飞行路线挥出，向前挥拍迎球时，应逐渐加快挥拍速度。

9

随挥动作在右肩上方结束，整个随挥的过程中都要以双手握拍。重心落于右脚，肩部转向球网的方向。整个击球的过程都要保持低重心姿态，以保证击球的稳定性。

7 反弹球练习

击球后上网截击

由于很多追身球都是破坏对方节奏，让其无法顺利上网的战术，所以如果能够掌握反弹球技术，保证回球的质量，可使自己不落于被动，继续实施上网战术，对对手形成压力。在练习中，可不断地进行上网战术练习，让训练者打追身球至脚下，迅速地挥拍击反弹球后继续随球上网截击。

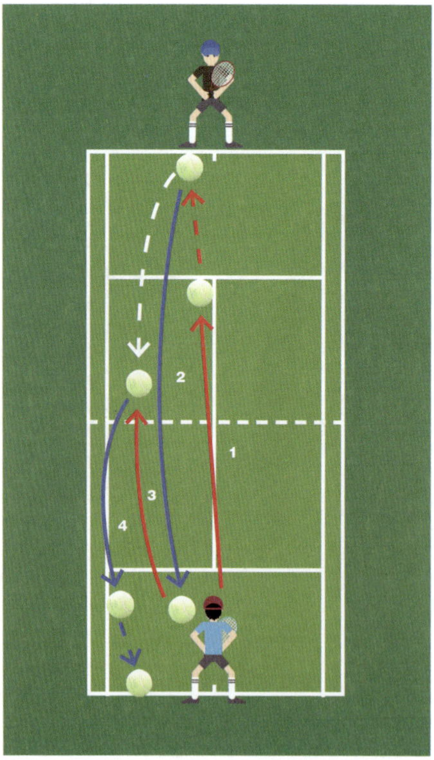

回击不同路线

反弹球多半是在迫不得已的情况下快速击出的，这样回球的质量就会有所下降，导致己方失去主动。但是通过练习变换路线击反弹球调动对手后，可提升回球质量，让自己不落于被动。在练习时可随球上网，让对方多打追身球，在自己接球极为难受的情况下，尝试运用手腕和击球时机，变换击球路线。

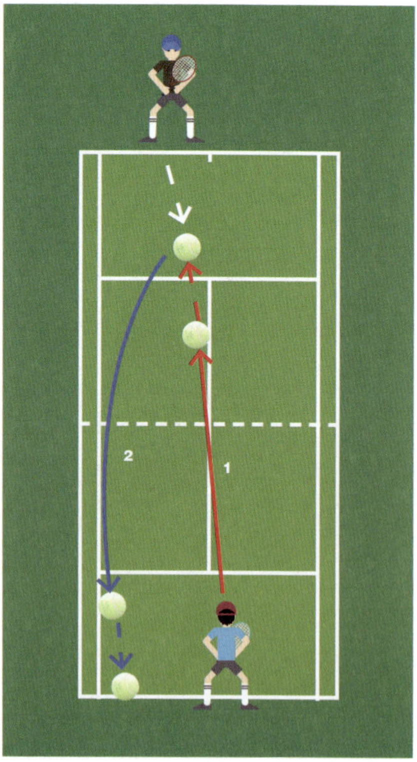

8 截杀战术

网前扣杀

扣杀也称为高压球，在运用中需要注意的是，如对方的回球高度进入高压球的射程之内，需要快速移动脚步，比对方的球更早到击球点，提前转身引拍，顶跨背弓，积蓄最大的击球力量，等待击球时机，搜寻对方的空当进行击球。

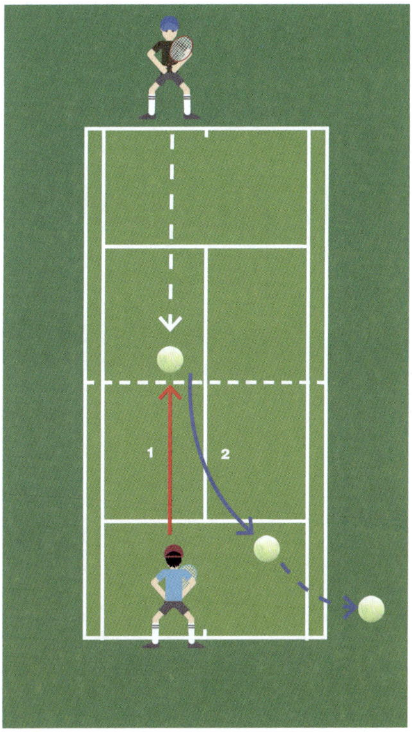

近网高球

近网高球技术是当上网成功后，将拍面微微倾斜，将球以较高的路线击出，回球呈抛物线落于对方的后场。在实战运用中，当对手放小球想要破坏己方节奏时，可迅速移动至网前，将球拍倾斜，由后下方击向球的偏下部同时向前上方挥出，让球落于对方后场，充分压制对手，使对方放小球破坏己方节奏的想法落空。

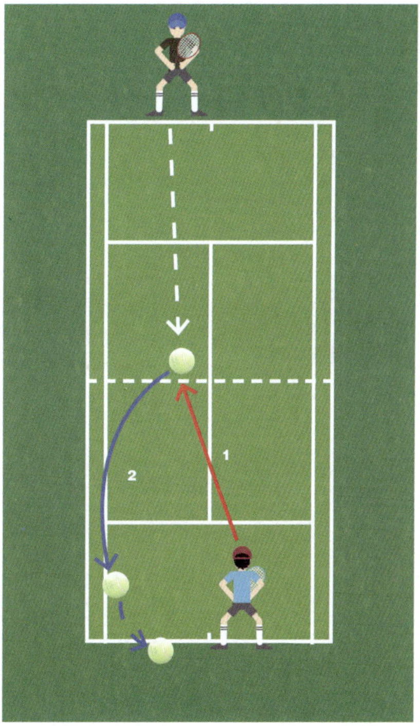

技术要点

使用近网高球需注意控制手腕和挥拍力度，力度太小容易被对手高压，力度过大容易使球打出界。

以直线深球破低位球

以直线深球破低位球战术如果运用得当，可以顷刻间破掉对手以低位球打乱你的节奏、压制你且夺得主动的想法，有时甚至可一击制敌。在实战运用中，当对手击出带有旋转的低位球后，可主动迎上，以正手主动将球以直线击出，回球要快，落点要深，这样对手就很难通过低位球获得主动，从而使你占据有利的地位。

斜线高压球

斜线高压球是一种有效的截击得分手段，其动作要领是当运动员上网后，如果来球很高进入高压球的击球范围内，以右手持拍左手辅助，将球以斜线扣杀。斜线高压球需要运动员对击球有较好的控制，否则会经常出现将球杀出边线的情况。

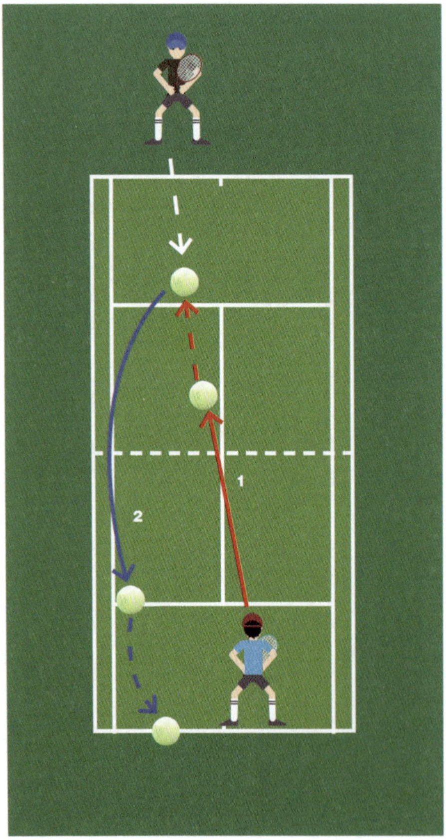

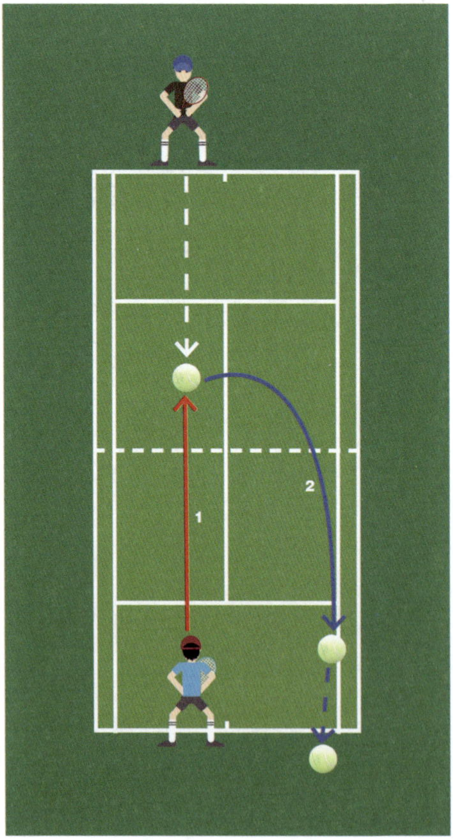

随球上网回大角度斜线球

随球上网回大角度斜线球是一种积极争取比赛的主动权，并将对手一击必杀的战术。在运用时，可在打出既快又深的直线球后迅速随球上网，掌握主动权。上网距离不要过近，防止对手打出过头球。

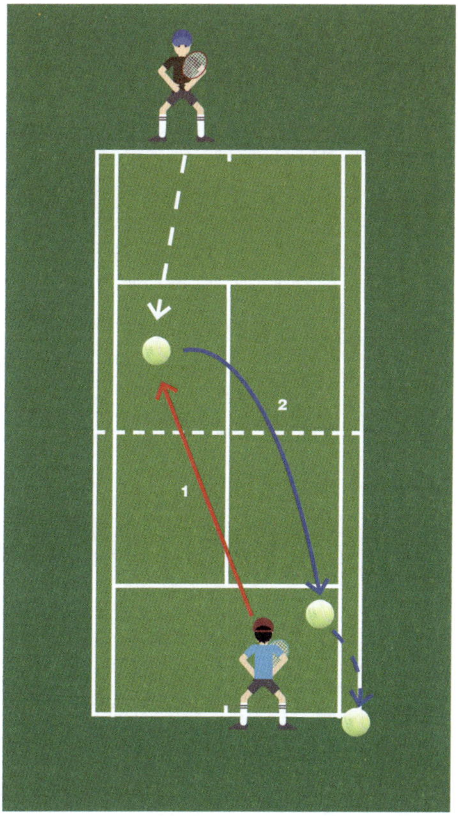

凌空截击

凌空截击技术指的是在对方回球过网后，不等来球弹地升起，直接在空中将球截击。在实战运用中，运用凌空截击技术需要好的站位。击球者上网后应站在发球线至球网间的中部或中后部。

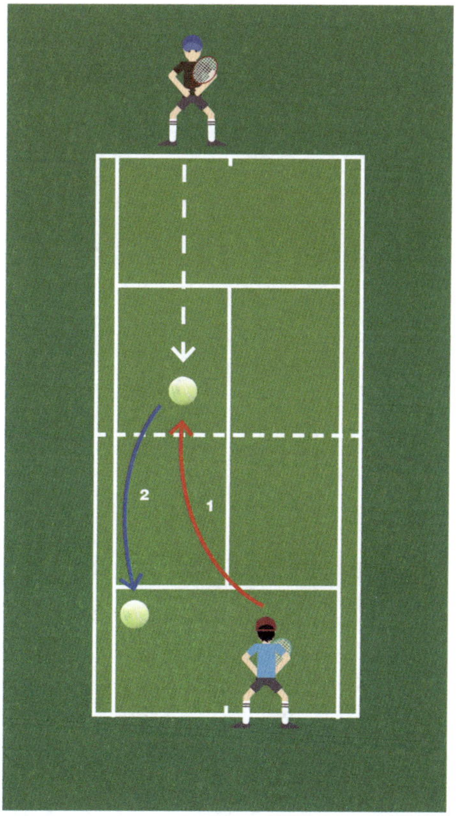

9 截杀练习

截向直线

截杀球的出球线路很有战术意义。不同方向的截杀球能够充分地调动对手，使其越来越被动，从而失分。在训练时，上网至网前，可让对方以各种线路击球过网。

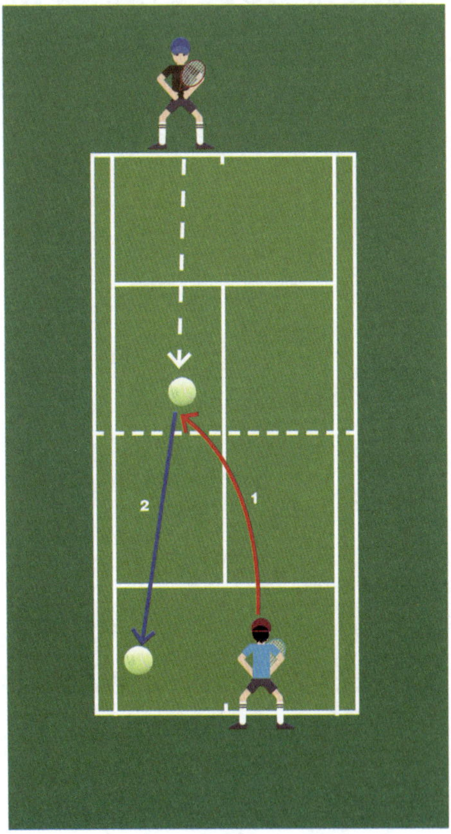

截向目标

将球截向对手的位置不容易做到，因为对方是一直在行动当中，不断调整、改变方位的。练习时站在网前，在对方回球后，观察判断对手的行进路线，然后将球截向对手的方位。

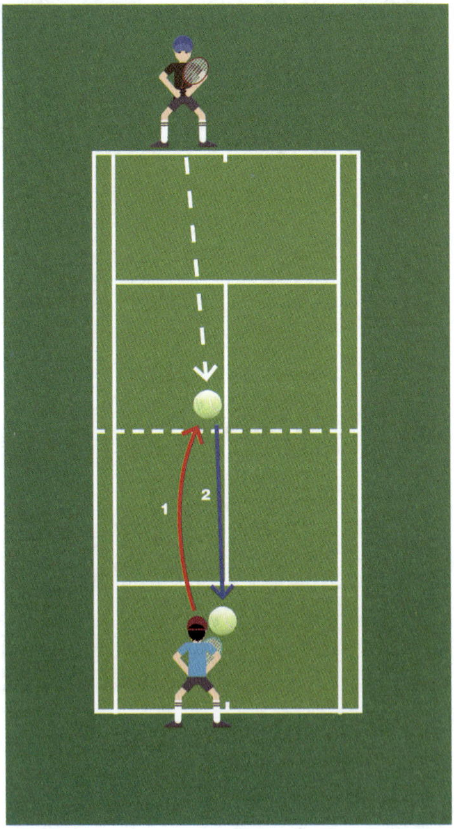

网球的基本常识
网球的基本动作与要领
击球技巧
发球技巧
接发球技巧
攻击技巧
双打技巧

截向空当

截向空当的练习也非常有必要。在很多业余的比赛中，上网者掌握了网前的主动权，可就是打不死对方，原因是即使对手回球质量低，出现很大空当，但截击者一是控制球路技术不纯熟，二是击球时过度紧张，手腕失去控制，所以即使击向对方的空当，但角度不大，回球不深，从而难以得分。所以要多做截向对手空当的练习。练习时可让对方回球后故意留出一侧的空当，让你有练习截击的机会。

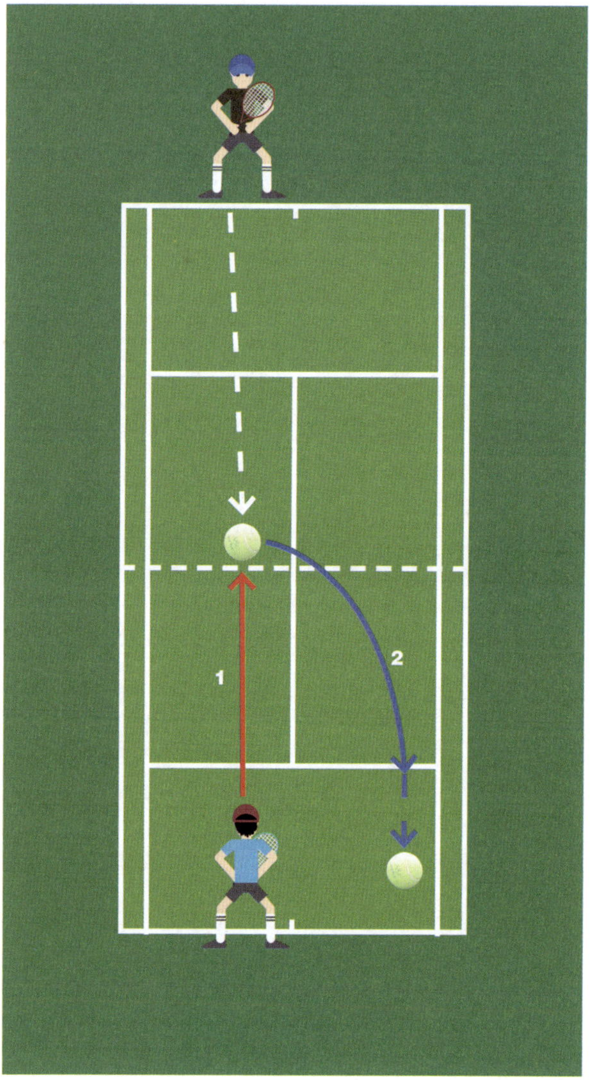

第七章 双打技巧

单打比赛是单人作战，依靠个人实力跟对方比赛，战术打法一般按照自己的特点来确定。而双打比赛是两名队员共同完成的，战术的灵活和变化比单打要更加复杂多变。

1 接发球技巧配合

发球次序

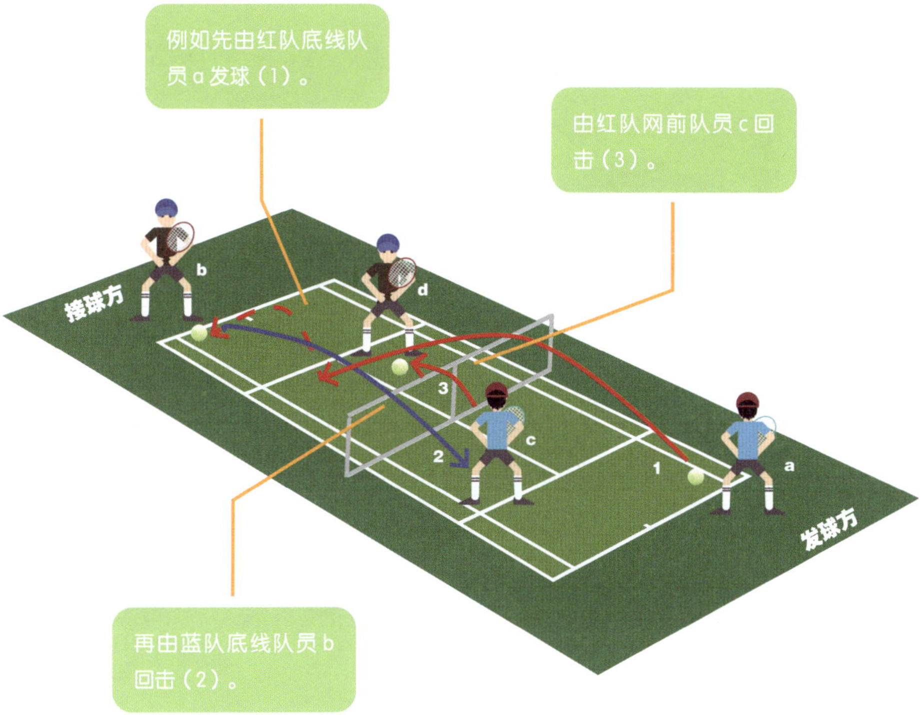
例如先由红队底线队员 a 发球（1）。
由红队网前队员 c 回击（3）。
再由蓝队底线队员 b 回击（2）。
接球方
发球方
a
b
c
d
1
2
3

每盘第一局开始时，由发球方决定队友中何人首先发球，同理第二局中对方也将决定队友中由何人首先发球。第三局由第一局发球方的另一球员发球。第四局由第二局发球方的另一球员发球，以下各局均按此次序发球。

接球次序

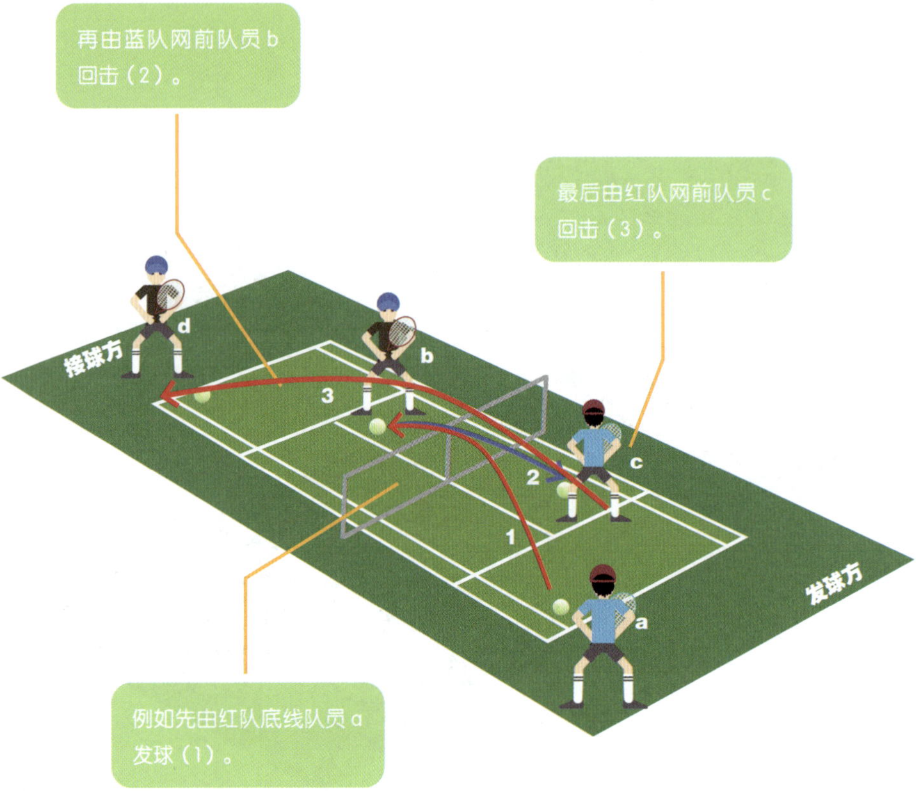

再由蓝队网前队员b回击（2）。
最后由红队网前队员c回击（3）。
接球方
发球方
d
b
c
a
3
2
1
例如先由红队底线队员a发球（1）。

与发球次序相似，每盘比赛开始前要决定接球次序，即先接球的一方应在第一局开始时，决定由谁先接发球，并在这盘继续先接发球。对方同样应在第二局开始时，决定何人接发球，并在这盘双数局继续先接发球。他们的同伴应在每局中轮流接发球。接发球后，双方应轮流由其中任何一名队员还击。如运动员在其同队队员击球后，再以球拍触球，则判对方得分。

2 还击技巧配合

接发球双上网战术

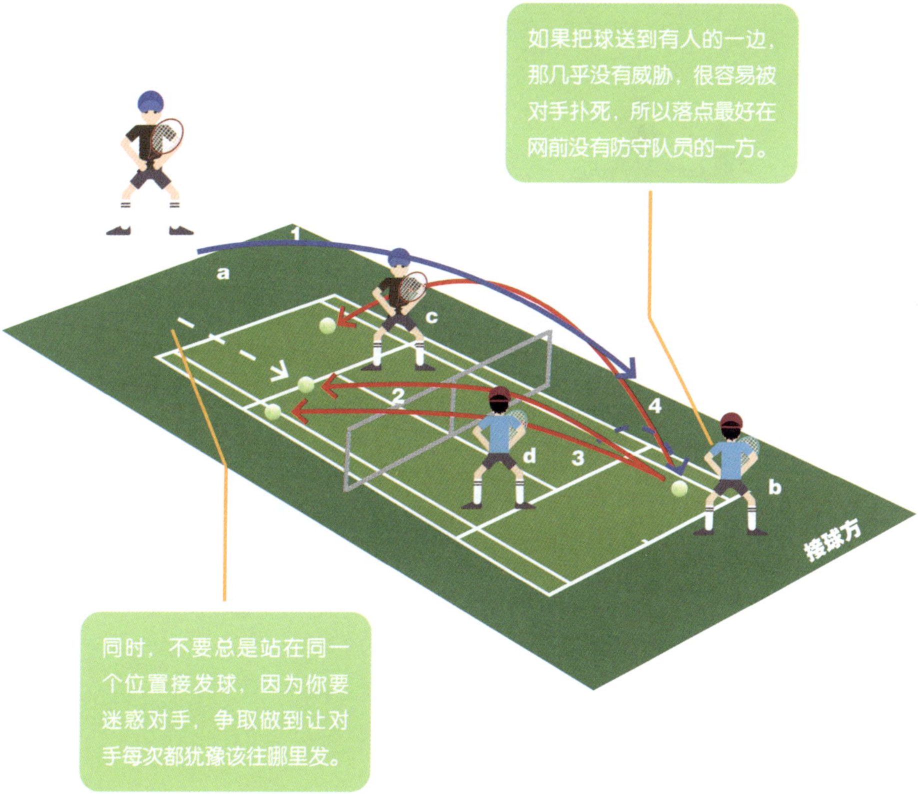

如果把球送到有人的一边，那几乎没有威胁，很容易被对手扑死，所以落点最好在网前没有防守队员的一方。
1
a
c
2
4
d
3
b
接球方
同时，不要总是站在同一个位置接发球，因为你要迷惑对手，争取做到让对手每次都犹豫该往哪里发。

蓝队底线队员 a 发球至红队 b 队员脚下（1）。红队回击到蓝队队员的空当处，让蓝队 a 队员向前救球（2），或者斜线回击到双打边线内（3），增加蓝队 a 队员上网拦截的难度，有利于红队接发球队员接球后上网。还可以用挑高球越过蓝队网前 c 队员（4）。打乱蓝队 a 队员上网的节奏，使蓝队发球方两人都退出网前区域。

接发球抢网战术

手上动作不宜过大。抢网的精髓在于快，如果击球时动作太大，不仅浪费时间，延误击球时机，而且击球力量不集中，回球的威胁会大大降低。

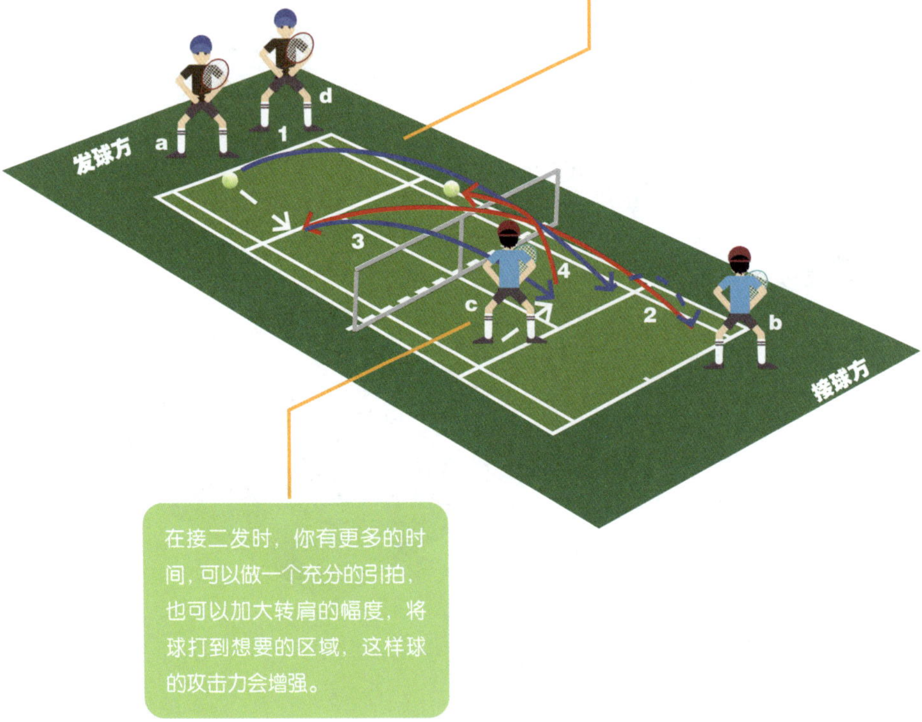

在接二发时，你有更多的时间，可以做一个充分的引拍，也可以加大转肩的幅度，将球打到想要的区域，这样球的攻击力会增强。

接发球的基本原则就是，向前逼进，采取攻势，给对方发球者造成心理压力，为我方从被动转为主动并为上网截击创造有利条件。

由蓝队底线 a 队员先发球（1），红队接发球 b 队员接了一个质量高的低平球之后回击（2），蓝队发球 a 队员在中场拦截了一个质量不高的球时回击（3），红队网前 c 搭档应该迅速向右移动抢网，给蓝队致命一击（4）。

接发球抢网战术的延伸

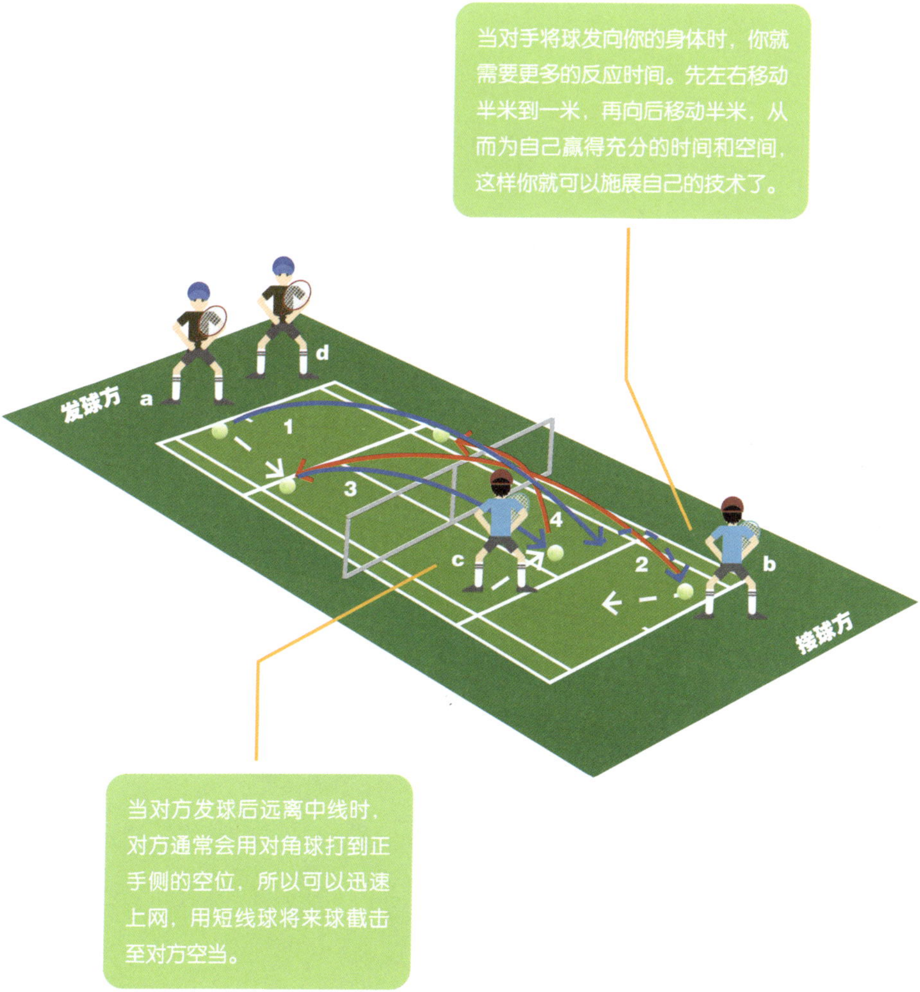
当对手将球发向你的身体时，你就需要更多的反应时间。先左右移动半米到一米，再向后移动半米，从而为自己赢得充分的时间和空间，这样你就可以施展自己的技术了。
发球方
a
d
1
3
4
c
2
b
接球方
当对方发球后远离中线时，对方通常会用对角球打到正手侧的空位，所以可以迅速上网，用短线球将来球截击至对方空当。

运用接发球抢网战术，接发球队员必须与搭档密切配合。采用约定抢网的时候，接发球队员应该果断进行补位，防止对方向本场的空当拦截。在无约定抢网的时候，接发球队员发现搭档移位抢网，也应该立即补位，此时另一队员不能返回原位置，为避免两人都跑到同一半场。

蓝队底线 a 队员发球（1），之后红队底线 b 队员把球回击（2）。之后移位到左半场，在此期间蓝队底线 a 队员上到网前把球截击回去（3）。红队网前 c 队员迅速补位并攻击（4）。

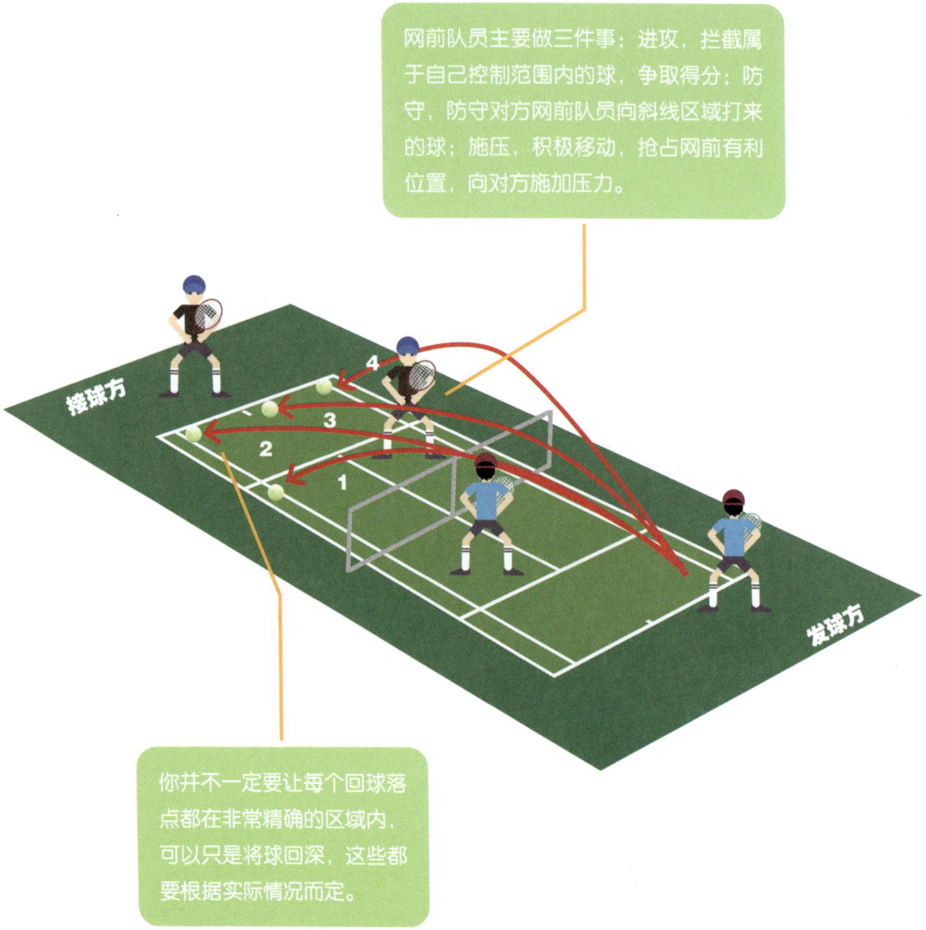

网前队员主要做三件事：进攻，拦截属于自己控制范围内的球，争取得分；防守，防守对方网前队员向斜线区域打来的球；施压，积极移动，抢占网前有利位置，向对方施加压力。
接球方
4
3
2
1
发球方
你并不一定要让每个回球落点都在非常精确的区域内，可以只是将球回深，这些都要根据实际情况而定。

前后站位有交叉站位和同侧站位两种。底线队员运用前后交叉站位时候的进攻路线有如下 4 种选择。斜线短球，用低平斜线短球打到双打边线位置，把对方底线队员拉出场外，造成二打一的机会（1）。斜线深球，用斜线深球打到对角位置，增加对方底线队员回击球距离，减弱回击球的攻击力（2）。中路球，当对方底线队员的注意力集中在斜线区域时，突然将球击向对方两人中间，可能造成两人都没有准备而直接得分（3）。挑高球，沿边线挑高球过对方网前队员头顶，让对方底线队员长距离跑动击球，减弱回击球的攻击力（4）。

接发球前后站位战术的延伸一

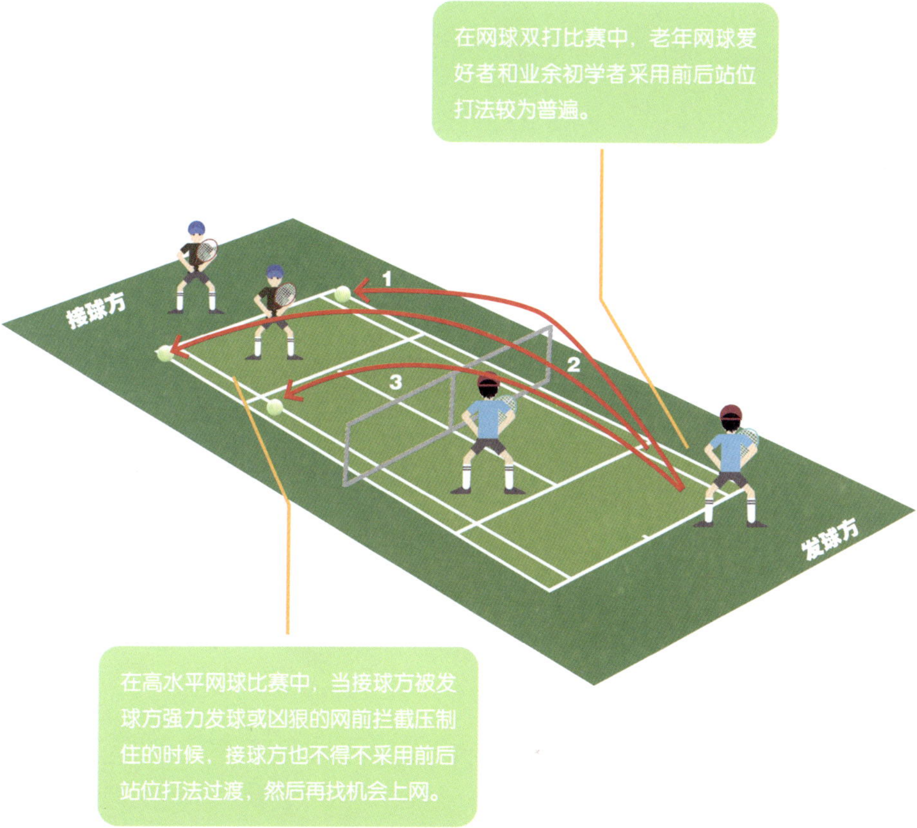
在网球双打比赛中，老年网球爱好者和业余初学者采用前后站位打法较为普遍。
接球方
1
2
3
发球方
在高水平网球比赛中，当接球方被发球方强力发球或凶狠的网前拦截压制住的时候，接球方也不得不采用前后站位打法过渡，然后再找机会上网。

底线队员在前与对方前排队员同侧站位时的进攻路线如下。沿边线直线球，以距离长、落点深的直线球为主，特别是在攻击对方底线队员反手的情况下，可以使用这种直线球的打法（1）。斜线深球，如果对方网前队员没有向中场靠近，打斜线深球是得分的好时机（2）。斜线短球，如果对方网前队员向中场靠近，可抓住机会打斜线短球，虽然打这种球难度较大，但只要穿越成功就会得分（3）。

接发球前后站位战术的延伸二

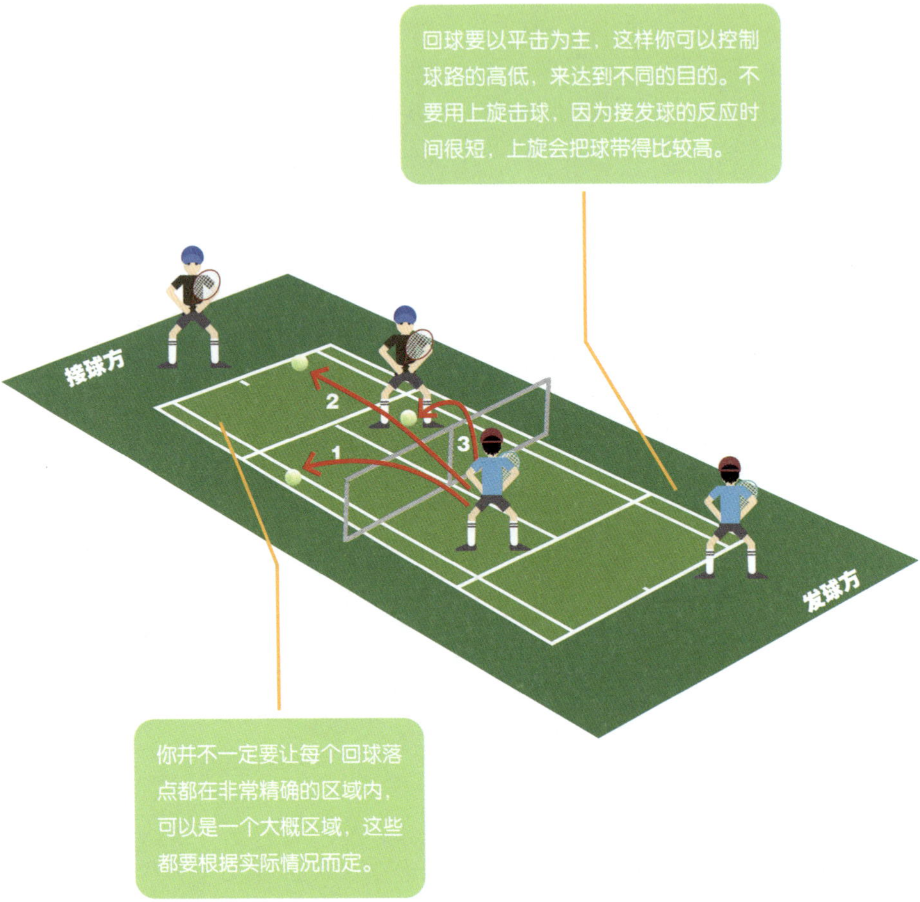
回球要以平击为主，这样你可以控制球路的高低，来达到不同的目的。不要用上旋击球，因为接发球的反应时间很短，上旋会把球带得比较高。
接球方
发球方
1
2
3
你并不一定要让每个回球落点都在非常精确的区域内，可以是一个大概区域，这些都要根据实际情况而定。

网前队员有三条进攻线路，即同侧边线小斜线区域（1），对方前后两名队员之间（2），对方网前队员脚下（3）。网前队员有三项基本任务：进攻，拦截属于自己控制范围内的球，争取得分；防守，对于对方网前队员向斜线区域打来的球施压，积极移动，抢占网前有利位置，向对方施压；及时补位。第三项任务是网球初学者十分容易忽视的，如果网前队员只完成了前两项任务而忽略了第三项任务，那不能称其为一名称职的网前队员。

3 双打技巧配合

雁行阵站位法

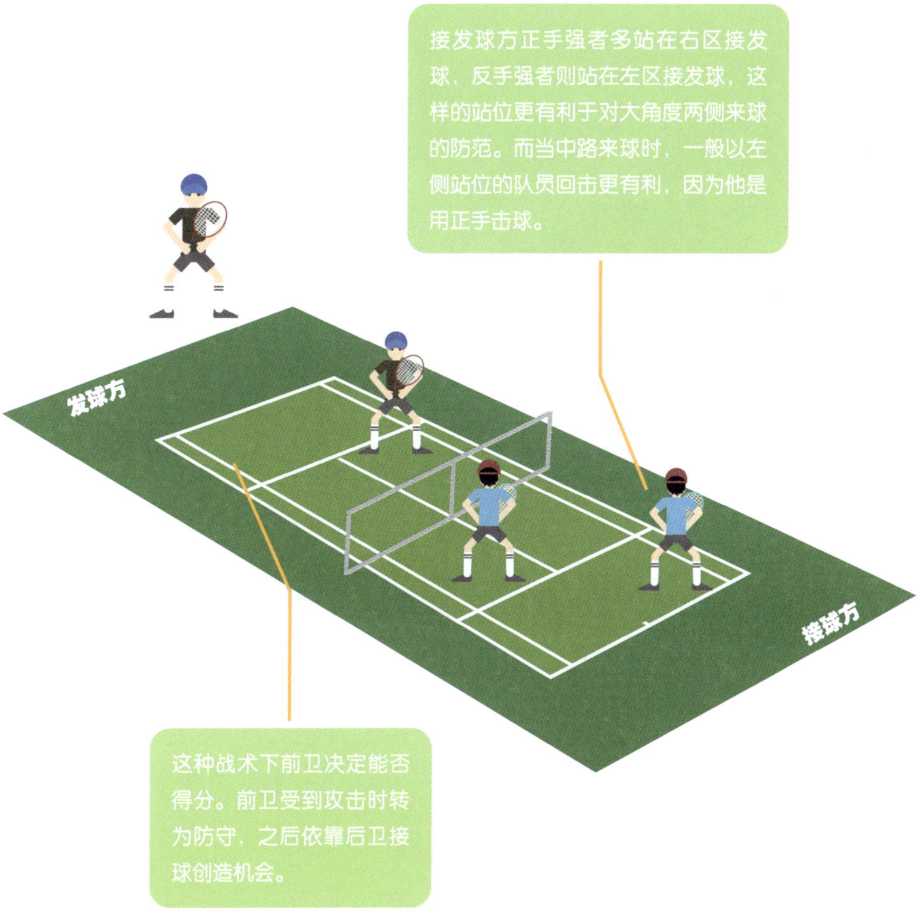
接发球方正手强者多站在右区接发球，反手强者则站在左区接发球，这样的站位更有利于对大角度两侧来球的防范。而当中路来球时，一般以左侧站位的队员回击更有利，因为他是用正手击球。
发球方
接球方
这种战术下前卫决定能否得分。前卫受到攻击时转为防守，之后依靠后卫接球创造机会。

攻守均衡的基本站位阵形是前卫、后卫分前后站立。前卫和后卫分别前后站立而且站成斜线排列是最基本的阵形。后卫负责接球，前卫负责得分是双打中的理想战术。如果能彼此互相协作，守住自己的阵地，就不会给对手以可乘之机。

双前卫站位法

在右区发球时发现接球员 c 擅长回击小斜线球，因为接回的球特别斜，不但网前同伴 b 无法拦截，发球员 a 冲上网后也很难处理，造成网前的被动，一旦出现此种情况可以调整为同侧站位的方法。

发球员 a 为便于上网封住左半区，应站在接近中点的右侧底线后（像单打右区发球站位），发球后冲至网前处，与网前同伴 b 共同组织网前的进攻。b 在网前的站位以封住回击的斜线为主，并适当向中区调整，与发球后上网的 a 在网前截击对方的来球。

两名选手都站在球网附近的双前卫阵形，在提前做好决胜准备时效果较好。这样的阵形是攻击性最大化的阵形，因此最近越来越多的选手开始采用这种阵形。在比赛中，准备出击的时候可有效利用双前卫阵形。这种阵形可以提前使比赛进入高潮，容易得分。但是这种阵形防守较弱，容易出现空当。

双后卫站位法

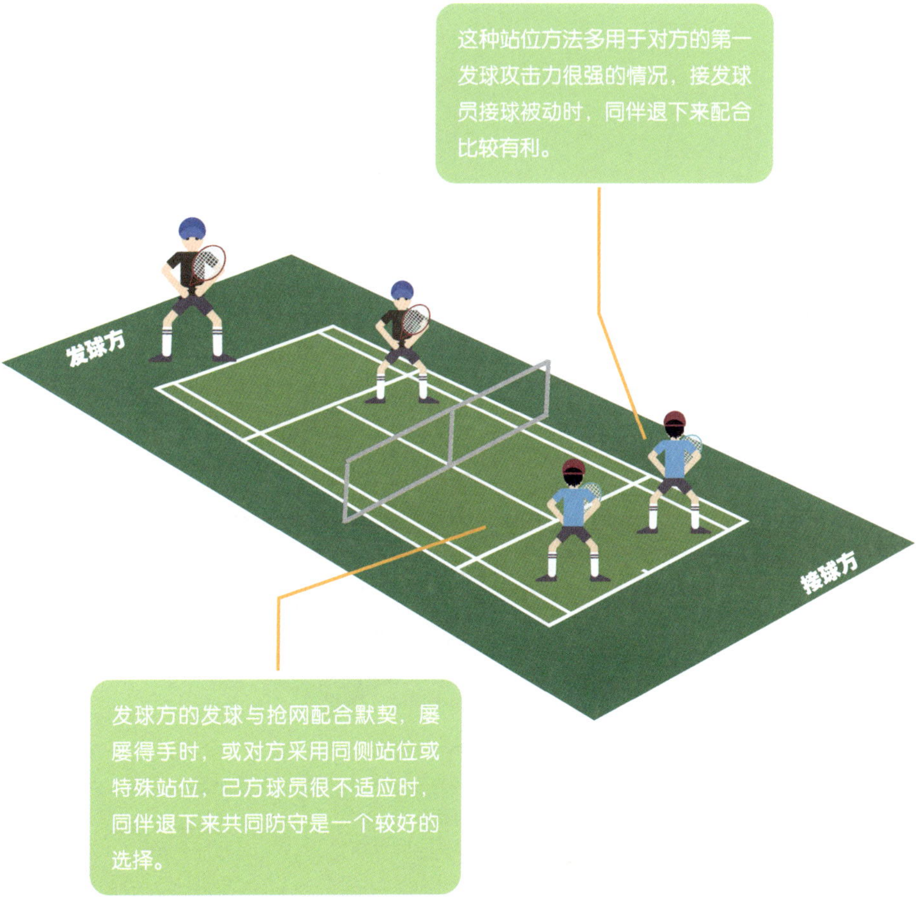
这种站位方法多用于对方的第一发球攻击力很强的情况，接发球员接球被动时，同伴退下来配合比较有利。
发球方
接球方
发球方的发球与抢网配合默契，屡屡得手时，或对方采用同侧站位或特殊站位，己方球员很不适应时，同伴退下来共同防守是一个较好的选择。

两名选手并排站在端线附近的双后卫阵型是“防守型”阵形，该阵形适用于顽强持久的连续对打，迫使对方先露出破绽，以便得分。关键是稳扎稳打，不急于取胜。这种阵形防守严密，能够诱使对方失误。但是难以得分，而且容易受到攻击。

I 字型站位法

这种站位多用于以下情况，一是接对方较弱的发球（多是第二发球），另外是准备抢攻（包括接发球配合抢网进攻）。

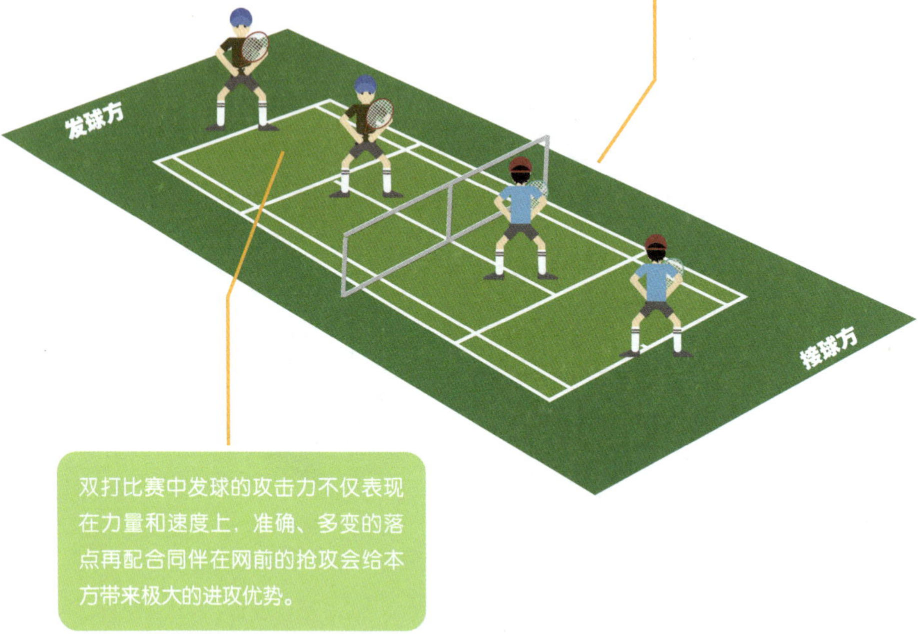

双打比赛中发球的攻击力不仅表现在力量和速度上，准确、多变的落点再配合同伴在网前的抢攻会给本方带来极大的进攻优势。

发球员跟前卫排列在一条直线上的直线阵形可以迷惑对方，使其无法判断回击方向，发球员瞄准对方发球区的中心位置发球。如果球落入中心位置，则对方接球员在回击时很难给球的运动轨迹增加角度。可以利用发球使对手阵脚大乱，增加截击空中球的机会。但是当发球较弱的时候，很容易被对手击败。

发球上网

击球点离球网越近，打出的截击就越有威力。因为选择距离球网近的击球点，不管来球的速度、力量和旋转如何，都会明显高于球网。最好先将球沿球场中线打回给对手或者打向对手的身后，让球继续处于自己身体的正前方，维持住回合就行了。

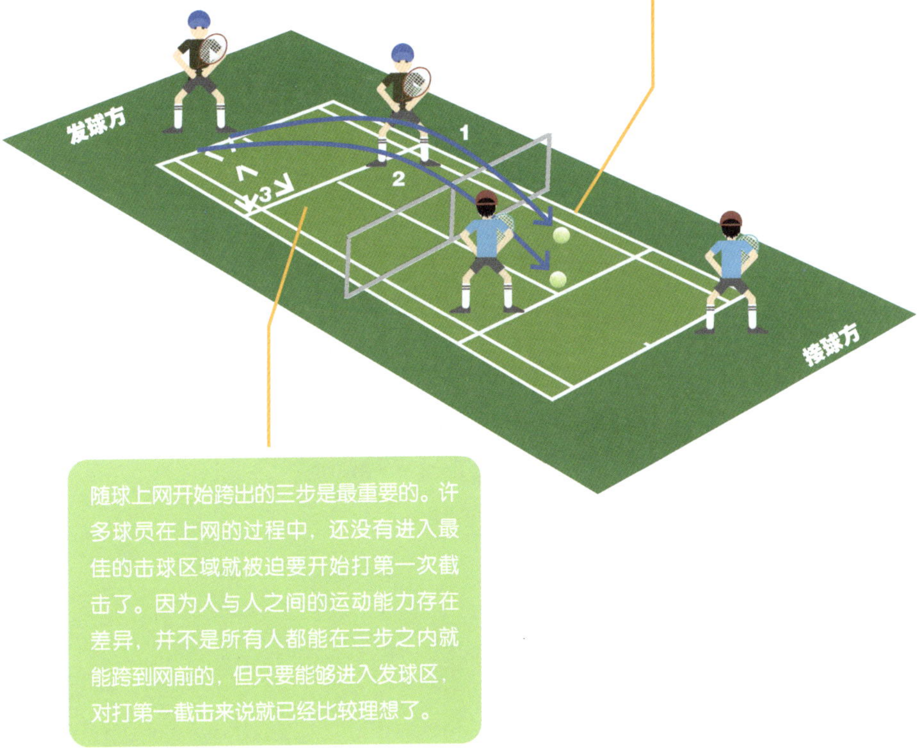

随球上网开始跨出的三步是最重要的。许多球员在上网的过程中，还没有进入最佳的击球区域就被迫要开始打第一次截击了。因为人与人之间的运动能力存在差异，并不是所有人都能在三步之内就能跨到网前的，但只要能够进入发球区，对打第一截击来说就已经比较理想了。

为了多争取时间，发球队员的上网跑动是从发球击球的一瞬间开始的，跟随击球时身体重心的前移，后脚自然向前迈步越过端线。站在靠近底线中点位置发外角球，应采用斜线球（1），站在靠近边线位置发内角球时（2），可采用直线跑动，以取得最佳的拦截控制面。从发球动作结束，后脚向前迈步开始，四五步左右就应当跑进发球线，到达第一次拦截的理想位置做好拦截的准备（3）。

第一次拦截

为了打对手措手不及而发球后上网的话，就最好先将球发向对手的身体或者靠近内角，因为外角发球虽然能获得制胜得分的良机，但也会给跑动中的对手更多的穿越角度。如果你发现对手的技术中存在薄弱环节（比如反拍）时，也可以将球尽量发到他的那一边。

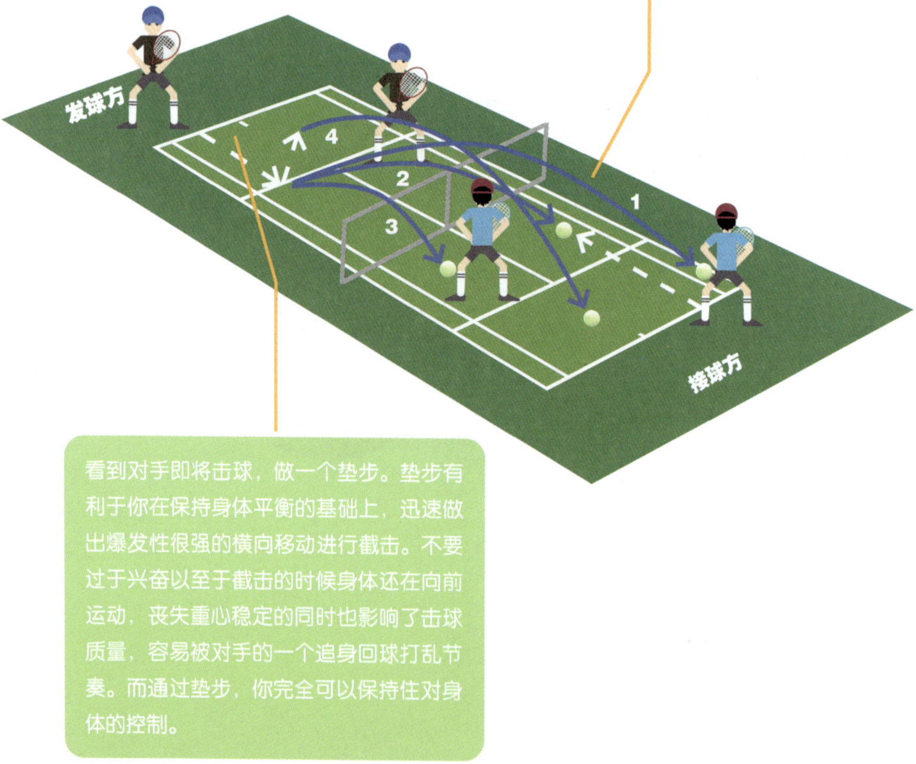

看到对手即将击球，做一个垫步。垫步有利于你在保持身体平衡的基础上，迅速做出爆发性很强的横向移动进行截击。不要过于兴奋以至于截击的时候身体还在向前运动，丧失重心稳定的同时也影响了击球质量，容易被对手的一个追身回球打乱节奏。而通过垫步，你完全可以保持住对身体的控制。

如果接发球队员接球后没有上网，第一次拦截应该将球截击到球场深处接发球队员的附近位置，要求拦截得平而深，质量要高（1）。如果接发球队员接球后上网，第一次拦截应该将球截击至接发球队员的脚下或者单、双打线内，控制好击球的力量，以便拦截出好的落点（2）。如果接发球队员回击了一个又慢又高的球，第一次拦截便可直接打向对方网前队员而可能得分（3）。如果接发球队员挑高球，身体迅速转向侧面，并以交叉步向后移动准备扣杀此球（4）。

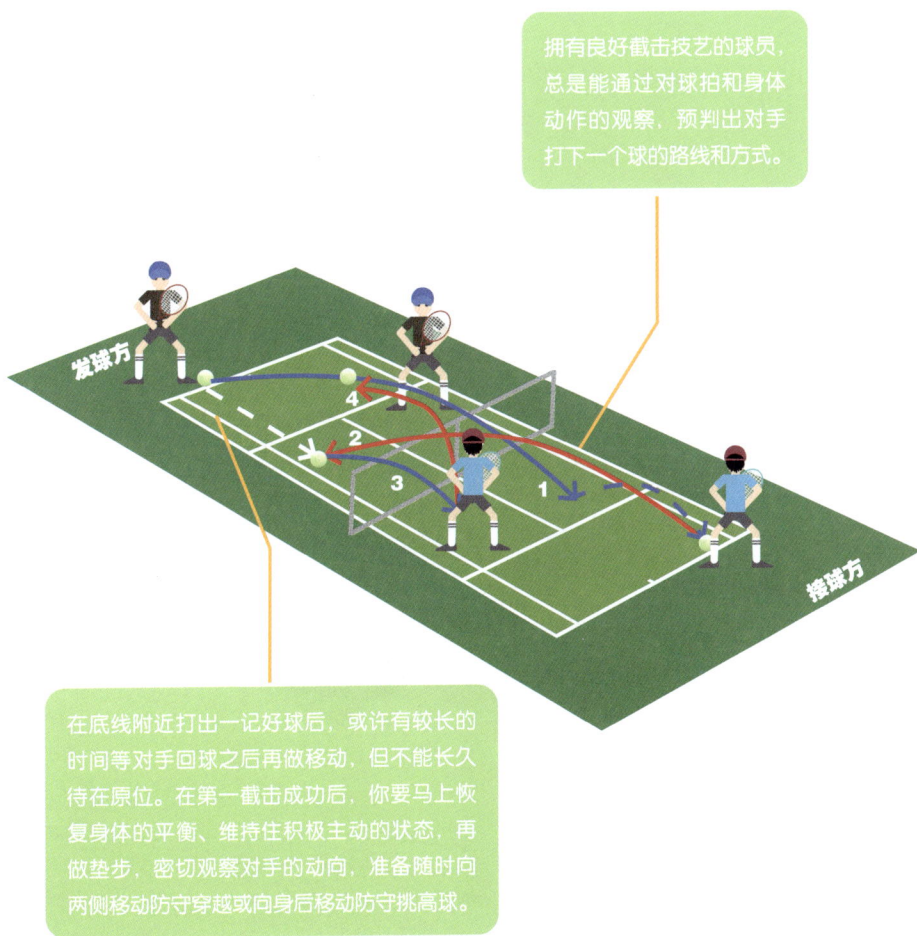

第一次拦截的延伸一

拥有良好截击技艺的球员，总是能通过对球拍和身体动作的观察，预判出对手打下一个球的路线和方式。

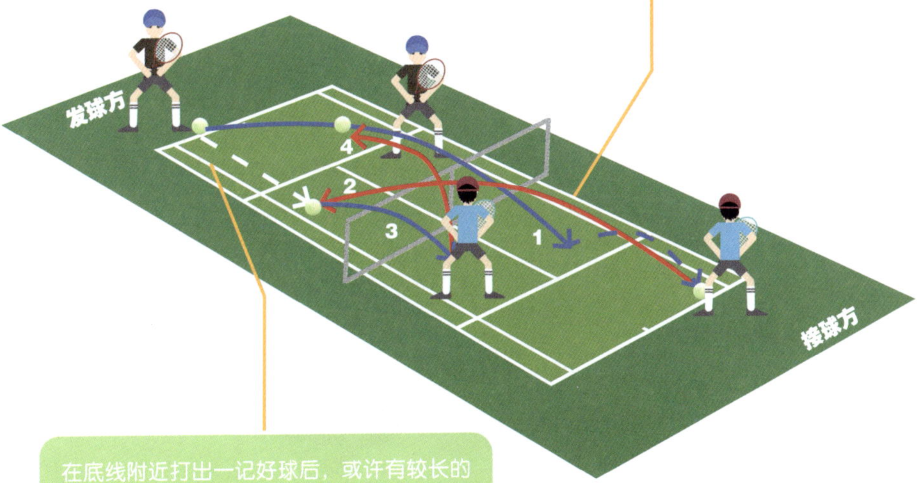

在底线附近打出一记好球后，或许有较长的时间等对手回球之后再做移动，但不能长久待在原位。在第一截击成功后，你要马上恢复身体的平衡、维持住积极主动的状态，再做垫步，密切观察对手的动向，准备随时向两侧移动防守穿越或向身后移动防守挑高球。

由于接发球队员的搭档就站在发球队员的正前方，寻找机会抢网，准备拦截发球队员击来的球，如果球被接发球方的网前队员抢网成功，发球方很可能会直接失分。

蓝队底线球员发球（1），红队底线队员回击给蓝队网前队员（2），之后蓝队网前队员回击（3），被红队网前队员截击，使得红队抢网成功（4）。这样蓝队很容易就失分。

第一次拦截的延伸二

做出垫步之后，你要沿斜线扑向来球打截击，而不要沿平行球网的线路做横向移动。斜线移动不仅可以帮你获得更好的截击角度，还能帮助力量向击球点传送。而平行球网的移动，往往导致截击质量不高，速度、力量不足等问题。

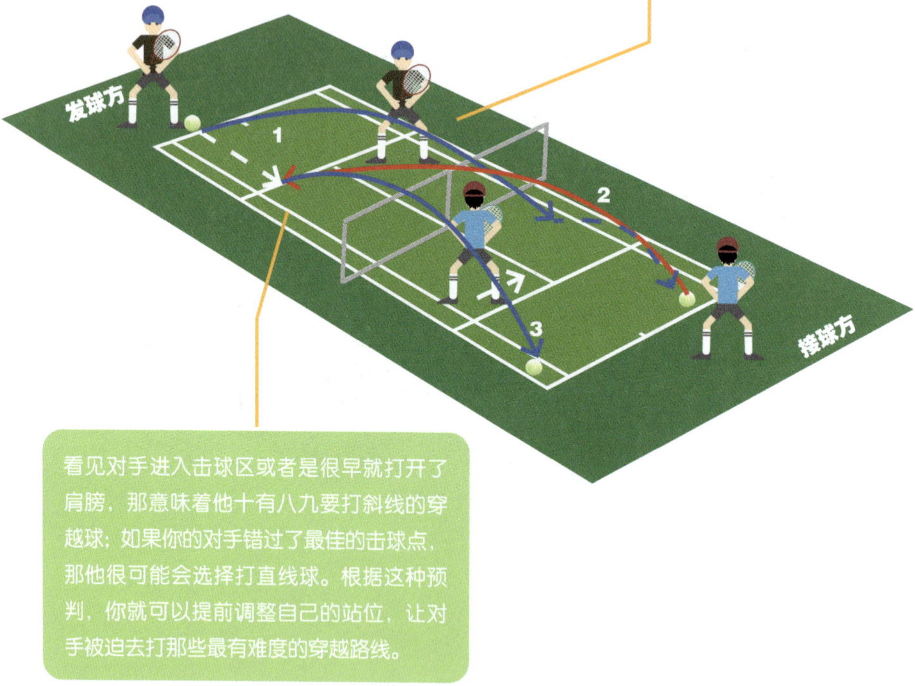

看见对手进入击球区或者是很早就打开了肩膀，那意味着他十有八九要打斜线的穿越球；如果你的对手错过了最佳的击球点，那他很可能会选择打直线球。根据这种预判，你就可以提前调整自己的站位，让对手被迫去打那些最有难度的穿越路线。

发球队员的第一次拦截多数应该击向对角，即拦截给接发球队员（1），并不能寄希望于第一次拦截就直接得分。过于追求攻击性有时候会导致失误。接球队员要做的则是为自己和网前的搭档做球（2），争取下一球出现得分的机会，然后再一拍将对方置于死地。发球队员如果见到对方网前队员移动了位置，还有时间调整拦截方向时，就应该将球击向对方网前队员刚刚空出来的直线区域，会很有杀伤力（3）。

发球方网前队员进攻

面对球网，两脚分开与肩同宽，膝关节微屈，重心在两脚前脚掌上，在对方击球时，脚跟提起，转胯转肩（右手握拍者为准），左脚向侧前方作 45 度角跨步，以转肩来带动球拍后摆，后摆动作不超过肩，肘关节微屈，手腕形成 45 度角，拍面略开。

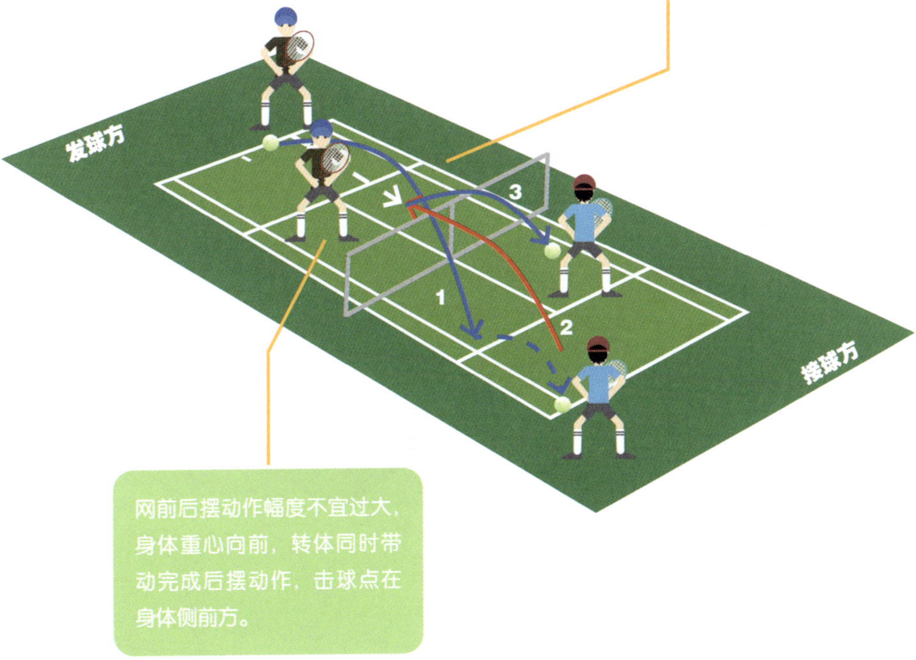

网前后摆动作幅度不宜过大，身体重心向前，转体同时带动完成后摆动作，击球点在身体侧前方。

发球方底线运动员在左区发球（1），发球方的网前队员如果是右手拿球拍，则其应该是用他的反手拦截通过球场中央的球，以减小发球队员上网的拦截面。在左边区域发球的时候，对于接球方回击飞向网前队员反手位置的球（2），发球方的两人应该事先商量好，球网前队员不做拦截，让给发球队员处理（3）。一般情况下，反手高球可以让给上前的发球队员处理，因为他用正手从高向下大力拦截，攻击效果更好。

双方网前对抗战术一

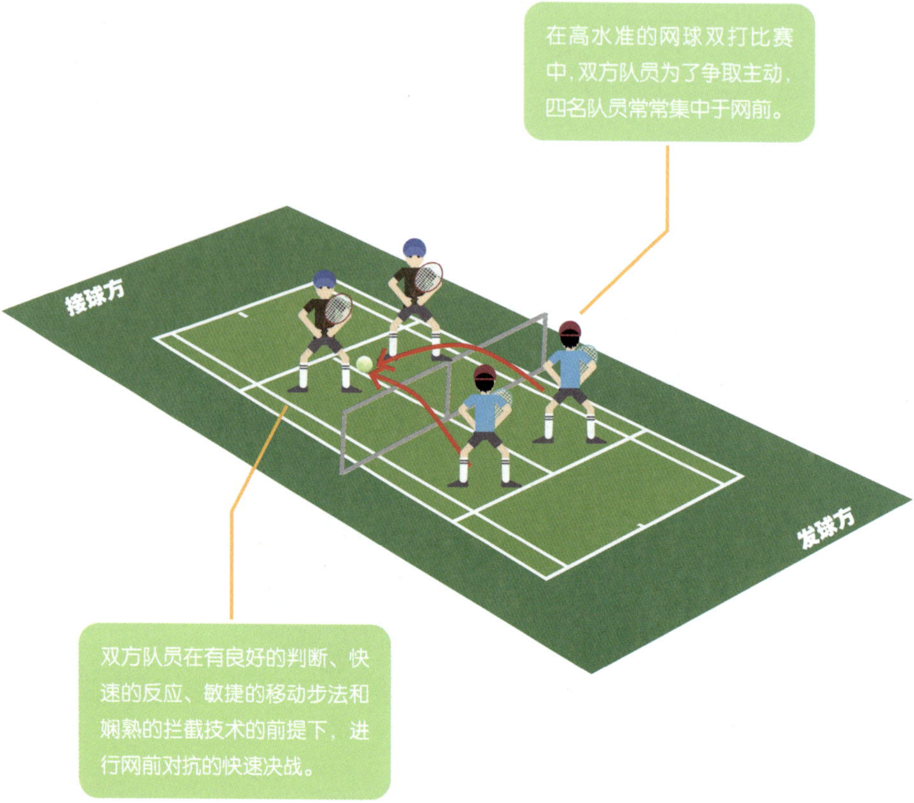
在高水准的网球双打比赛中，双方队员为了争取主动，四名队员常常集中于网前。
接球方
发球方
双方队员在有良好的判断、快速的反应、敏捷的移动步法和娴熟的拦截技术的前提下，进行网前对抗的快速决战。

大多数双打队员都习惯站在各自半场靠边线处，用来保护自己一侧的直线区域，而中间就成为双上网的两人之间的薄弱地带，保持打低球到对方中间，对方网前的队员就要从网沿下向上拦截来球，这时就可能出现好机会。另外，比赛中常常出现这样的情况，当把球打向对方两人中间时，往往出现不是两人抢，便是两人互让的现象，而产生失误。

双方网前对抗战术二

判断清楚对方来球的质量，包括球速、球离网高度及球的角度，以便于迅速起动调整位置，控制拍面。

来球快而平，拍面应稍后仰，击球中下部，手腕紧固，以短促的动作向前向下顶撞来球。如来球快而高并略带上旋，拍面应竖起，击球中部，以短促的动作向下向前顶撞球，手腕紧固。

攻击两人中间除了容易造成对方抢、让球导致失误外，还有一个作用是制造空当。例如，当红队网前队员从左边区域将球击向对方两人的中间时（1），对手右半场的蓝队底线队员一定会向中央移动，此时，实际上红队网前队员已经成功地在对方半场制造出了一个空当，待对方将球回击过来时（2），再对准这个空当击去，效果往往很好（3）。

双方网前对抗战术三

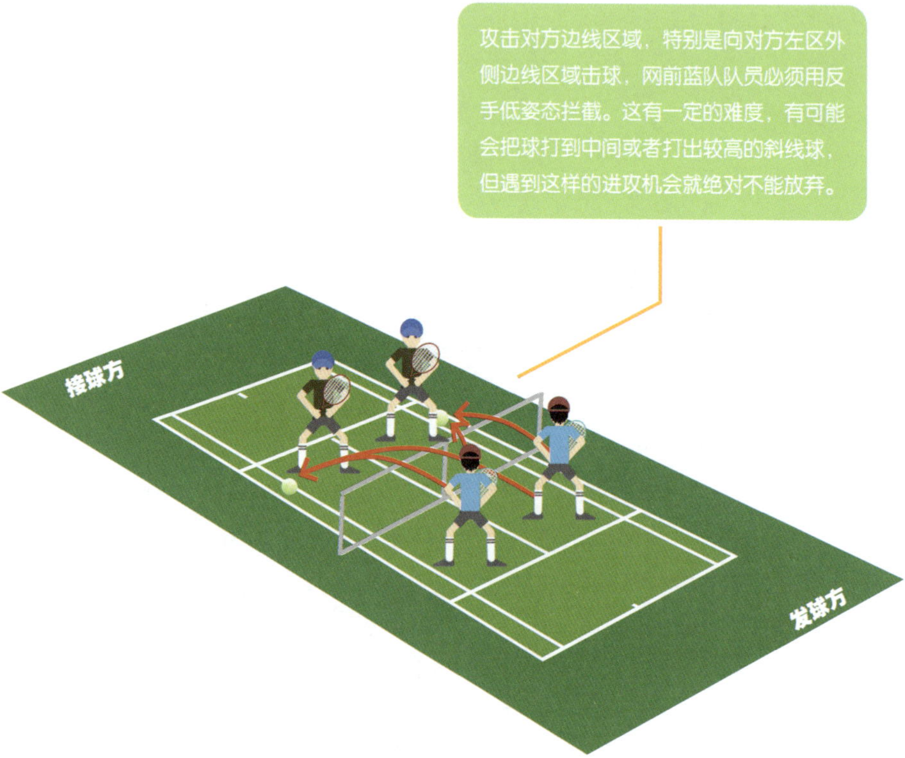
攻击对方边线区域，特别是向对方左区外侧边线区域击球，网前蓝队队员必须用反手低姿态拦截。这有一定的难度，有可能会把球打到中间或者打出较高的斜线球，但遇到这样的进攻机会就绝对不能放弃。
接球方
发球方

当对方采用双上网的站位时，两人外侧边线区域是比较薄弱的地方，此时己方要有意识地把球打到边线区域。当对方预测你可能要把球打到中间，而你却把球打到对方边线区域的时候，很容易得分。在网前的对抗中，对方的两名队员可能会保护中间区域，这个时候是向两侧边线区域进行攻击的一个好时机。

双方网前对抗战术四

攻击对方的空当或者直接对准对方脚下攻击，都是重要的攻击手段，很容易奏效。因为对准目标击球更容易控制。而接球人近距离对着身体快速飞来的球，一般都来不及做出反应，也不容易接好。

都在网前的时候，双方队员距离很近，这种击高球的难度不大，只要击球队员的手感好，控制好击球的力量和高度，便可使球准确地落在对方后场。

有的时候对方可能会看出你的球路，使原本可以得分的球变成失分，这时就要善于改变打法。当双方队员在网前快速进攻中（1）（2）（3），把拦截的向前推击动作突然改为向上推送动作，使球越过本来已经做好了拦截准备的对方两名队员的头顶落在后场（4），造成对方措手不及，一般这样的攻击效果都很好。

沿边线挑高球

挑高球最突出的作用就是使对手不敢站到近网处进攻，而是被迫向后退缩等待高球的到来，这就为自己能够比较从容地打出成功的破网球创造了机会。

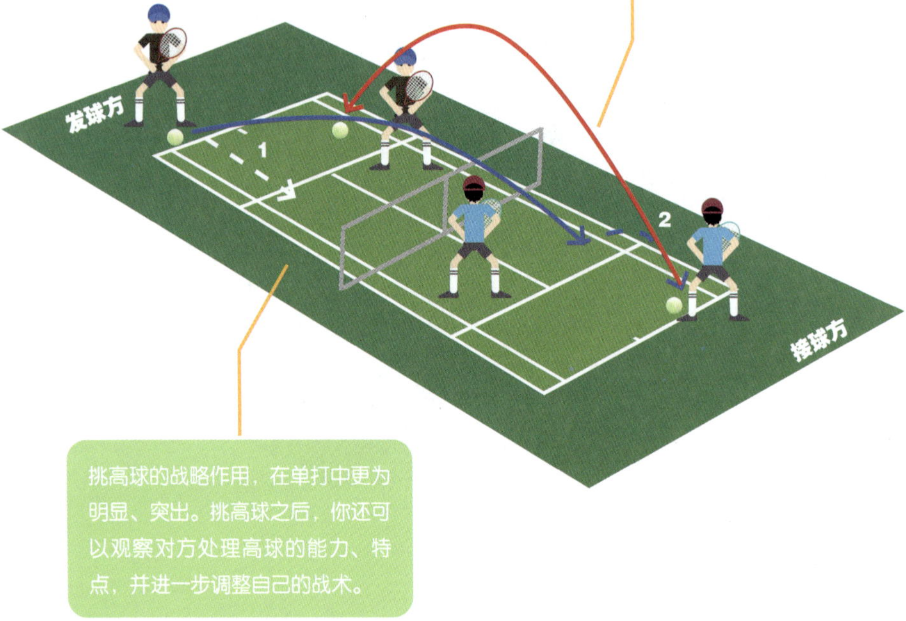

挑高球的战略作用，在单打中更为明显、突出。挑高球之后，你还可以观察对方处理高球的能力、特点，并进一步调整自己的战术。

接发球队员采用挑高球对付攻击性较强的发球时，站位通常稍微靠后。蓝队底线队员先发球（1），之后红队底线队员用挑高球进行回击（2）。挑高球如要成功，应该高而且落点深，在右侧区域接发球的队员挑高球应该瞄准对方网前队员的左肩上方，使球越过网前队员落在左边场地深处，即使网前队员后退，打好在自己左肩上方的高球也是十分困难的。

判断与移动

高球一般飞行时间较长，因此接球的一方有一定的时间来考虑并计划如何回击的问题。而另一方面，你挑出高球之后，也有相当的时间可以用来观察对手是如何处理高球的。

激烈的网球比赛使球员大量消耗体力，如果能采用巧妙的战术，诱使对方不断奔跑或大力扣杀，即可使对方加速降低体能，疲劳不堪，而自己则可以逸待劳，抓住机会，给对方以致命的一击。

对战中要随时注意观察对方击球队员，预测他们的意图，并且及时做出相对的反应，采取相应的措施。运用双上网站位打法的时候，两人站位不能完全平行，最好是一人适当靠近球网，一人后撤一两步距离，这是为了防备对方挑高球。当判断出对方队员打算挑高球的时候，两人都应该迅速侧身，利用小碎步向后移动。如果对方挑高球比较靠前，由网前蓝色队员打，如果对方挑高球越过了网前蓝色队员头顶，由底线蓝队队员进行击打。

击打高压球

常见的错误就是当球即将到达身体前上方时才开始转体准备挥拍。这样做不仅减缓了准备动作的速度，而且面对球网向后移动很容易导致摔跤。球员应先转身再往后移动才是更加安全且有效的方式。

当网前蓝队队员判断出对方接发球网前红队队员准备挑高球（1），就应该开始向后移动（2），一旦高球越过搭档底线蓝队队员的头顶，而底线蓝队队员又失去了平衡或者来不及退回到底线击球时，迅速跑到底线蓝队队员的后面接高压球，同时向网前蓝队队员告知接球，而底线蓝队队员则相应向侧后方撤退，形成交叉换位（3），作为填补网前蓝色队员留下的位置参与防守，进行回击（4）。

高压球的击打位置

后场高压对方挑的高球，落点应位于发球线之后，此时要大胆果断，就像打正常的高压球一样，击球点可稍后些，步法及时移动到位，迅速跳起给予猛击，击球后的跟进动作要长些，向前向下扣压。

反手高压由于不容易发力，且易失误，故在比赛中运用较少，一般都及时侧身后退，打头顶高压。需使用反手高压球时，应及时向左侧身，提肩抬肘，拍子低于手腕与肘关节，击球点在左上侧，击球时前臂和手腕迅速向上挥起，手腕紧固，集中精神和力量打落点和准确率。

双打中的高压球与单打中的高压球基本一致，要求干脆利落，动作不拖泥带水，但力量不是最重要的，最重要的是球的深度、落点与角度。

深度，即高压球的落点深，靠近底线，打到对方队员的脚下（1）。

落点，即是高压球的落点准，避开对方两人所站的位置，打到两人的空当处（2）。

角度，即高压球角度较大，靠近边线，打到两侧边线区域，球落地反弹后向场外飞（3）。

4 双打技巧练习

左、右移动练习

这种技巧多用于处理两侧边线附近的来球。向右移动时，向右转体，左脚先向右前方跨出，交叉于右脚外侧前方，再跨出右脚，继续跨出左脚于右脚外侧，反复向右交叉移动，就是右交叉步法。向左移动，方法与向右相似，方向相反。

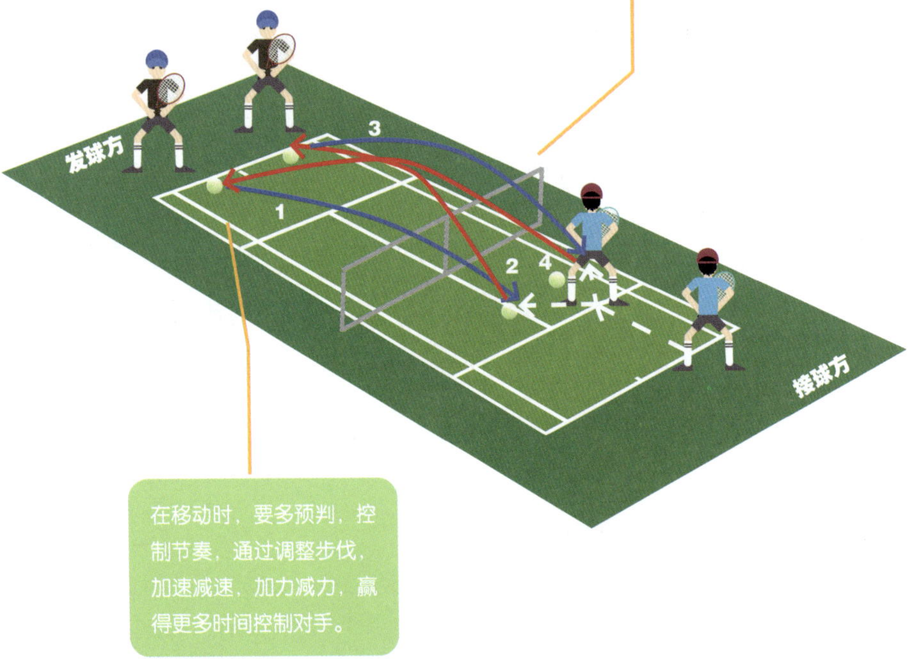

在移动时，要多预判，控制节奏，通过调整步伐，加速减速，加力减力，赢得更多时间控制对手。

蓝队两人在底线抽球，红队队员两人轮流在网前拦截。网前红队队员根据对方抽球队员的位置进行移动拦截。网前蓝队球员先抽球（1）。网前红队队员向左移动，将右边蓝队队员抽来的球拦截给左方队员（2），之后向右移动，再将左边蓝队队员抽来的直线球(3)，拦截给右方队员(4)，然后再向左移动，如此左右移动连续进行拦截，该球失误后另一名网前红队队员照此练习。一定次数后攻防双方交换位置，此练习也可在左半区进行。

前、后移动练习

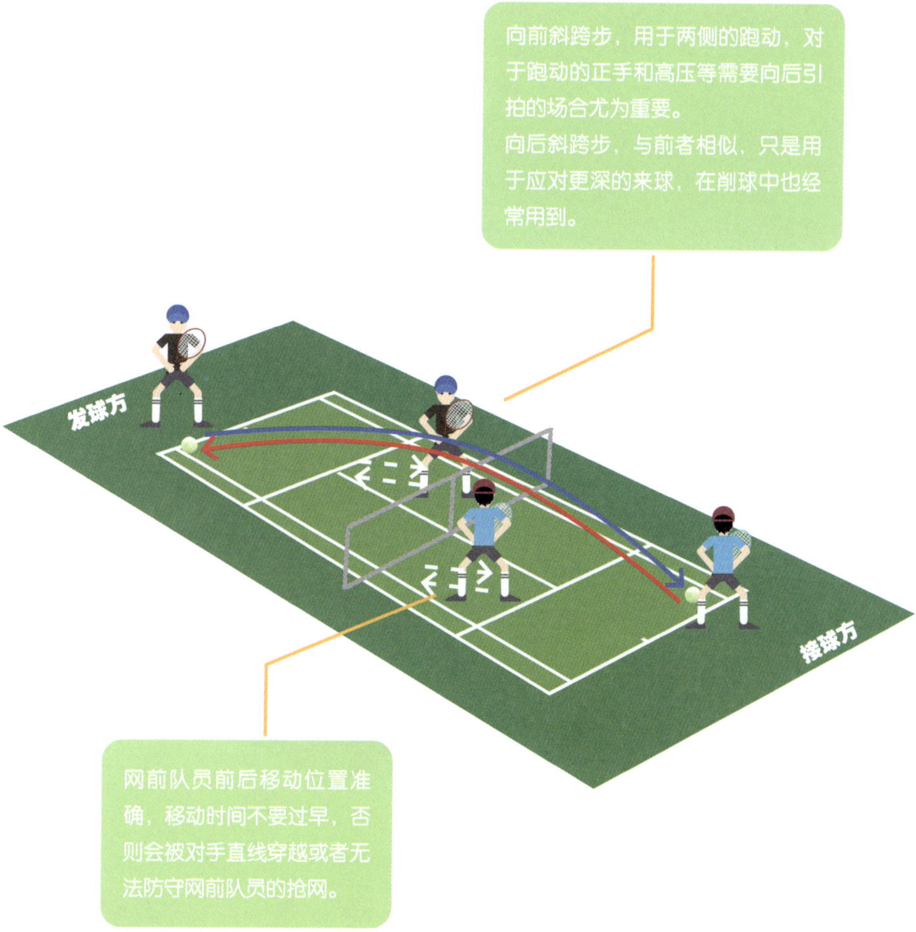

向前斜跨步，用于两侧的跑动，对于跑动的正手和高压等需要向后引拍的场合尤为重要。
向后斜跨步，与前者相似，只是用于应对更深的来球，在削球中也经常用到。
发球方
接球方
网前队员前后移动位置准确，移动时间不要过早，否则会被对手直线穿越或者无法防守网前队员的抢网。

双方在底线的队员对抽斜线球，双方在网前的队员练习前后移动。当球进入对方场地，网前队员向同侧边线方向移动，防止对方直线穿越，当球进入本方场地，向侧后方移动，落位于发球线靠近中线附近，准备防守对方网前队员拦截过来的球。一定次数后底线队员与网前队员交换位置练习。

后撤防高压球练习

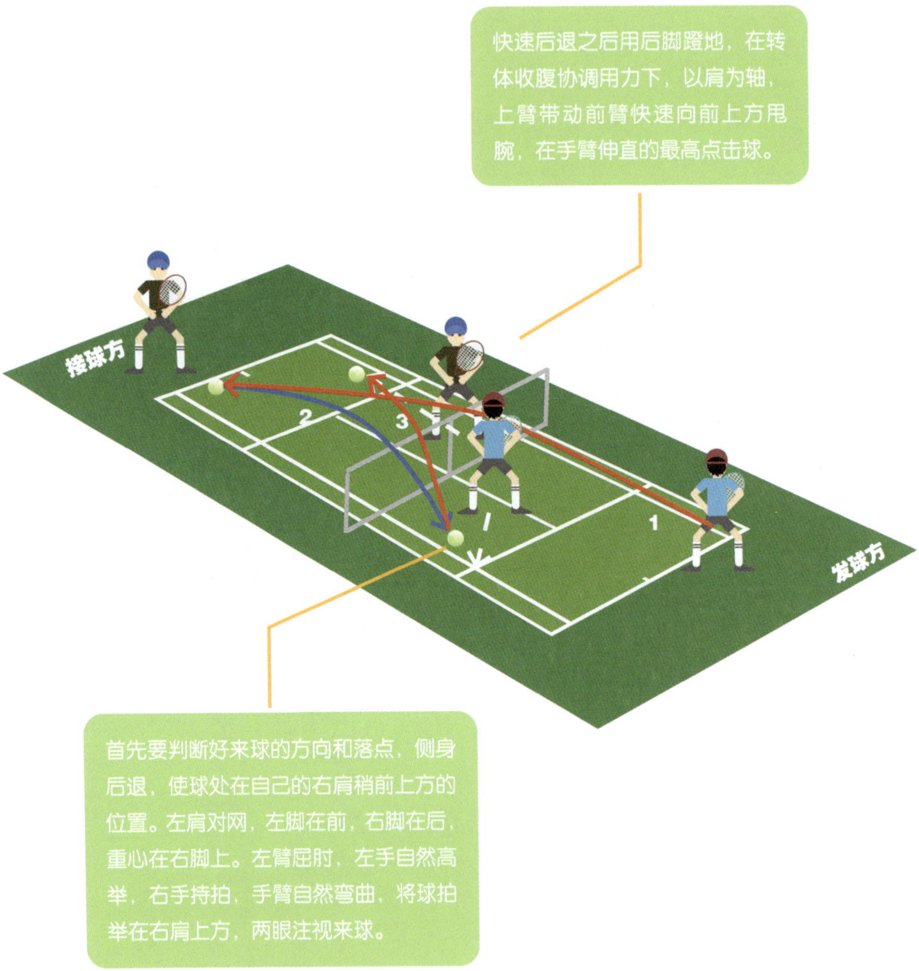
快速后退之后用后脚蹬地，在转体收腹协调用力下，以肩为轴，上臂带动前臂快速向前上方甩腕，在手臂伸直的最高点击球。
接球方
2
3
1
发球方
首先要判断好来球的方向和落点，侧身后退，使球处在自己的右肩稍前上方的位置。左肩对网，左脚在前，右脚在后，重心在右脚上。左臂屈肘，左手自然高举，右手持拍，手臂自然弯曲，将球拍举在右肩上方，两眼注视来球。

双方红蓝队员在网前，在底线的双方红蓝队员抽球（1）。对抽几拍后，底线蓝队队员挑一个攻击力弱的高球（2）。本方网前蓝队队员迅速后撤，防止对方红队网前的高压球。一定次数后由底线红队队员挑高球供对方蓝队网前队员扣高压球（3）。本方网前红队队员后撤防守。

网前队员应当一边后撤，一边判断，迅速落位防好高压球。

移动换位练习

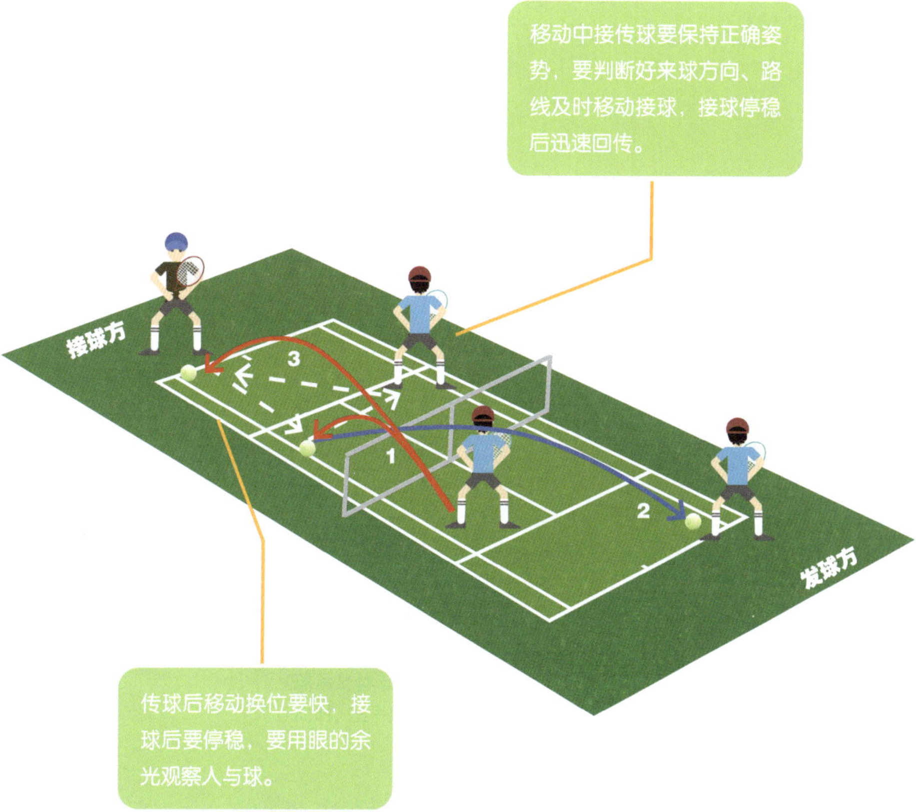
移动中接传球要保持正确姿势，要判断好来球方向、路线及时移动接球，接球停稳后迅速回传。
接球方
3
1
2
发球方
传球后移动换位要快，接球后要停稳，要用眼的余光观察人与球。

双方红蓝队员在网前，红队往对方场内送球（1）。前几个球给网前右边区域的蓝队队员拦截（2）。然后送过顶球越过网前蓝队队员（3），但是蓝队队员不接并移动到左边区域，左边区域队员迅速向右后方移动，将球回击，击球后迅速上网。

发中路球练习

练习时要从有规律的内容入手，逐步过渡到无规律的练习，最好是能采用多球的形式。内容安排上一定要遵循从易到难的原则，并注意练习前的热身，防止腰部受伤。

掌握正确的步法移动与让位技巧。采用正手还击时，左脚向左移动一步，同时右脚要迅速后撤，同侧腰随右脚后撤让出击球位置，边撤边予以还击，回击后用碎步还原，迅速调整身体重心，以便于动作的跟进。采用反手技术还击，动作相反，要求相同。

蓝队队员在右区，红队队员在左区，两边轮流发球每人连续发两个球，都发中路球，一定次数后四名队员换区发球。

发外角球练习

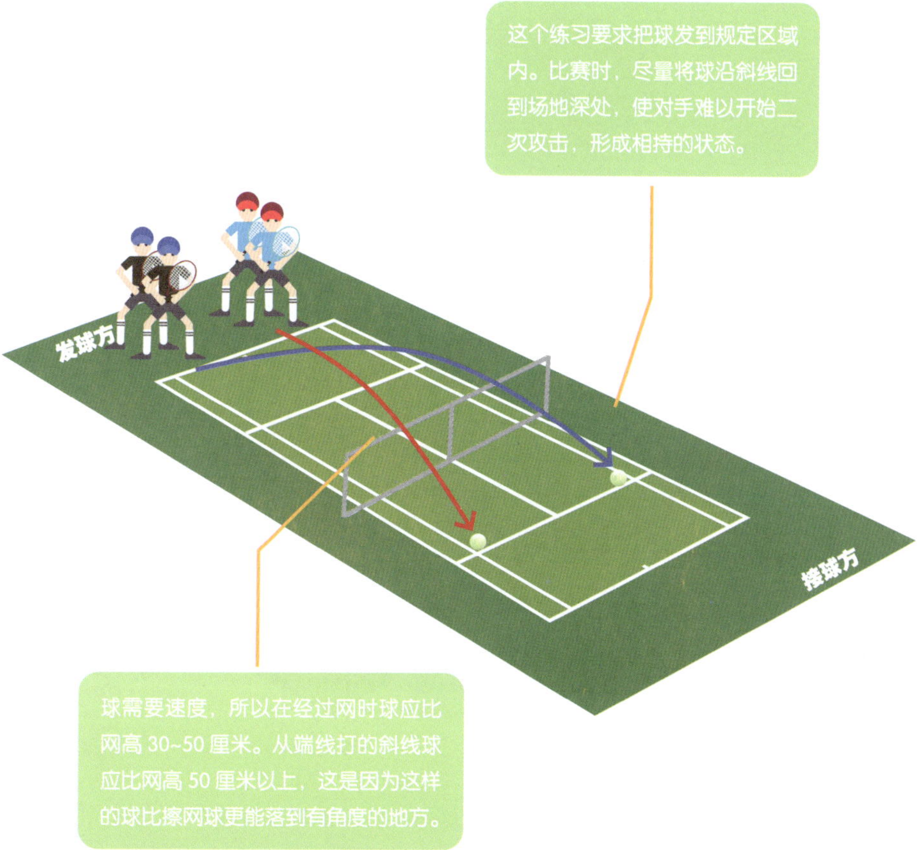
这个练习要求把球发到规定区域内。比赛时，尽量将球沿斜线回到场地深处，使对手难以开始二次攻击，形成相持的状态。
发球方
接球方
球需要速度，所以在经过网时球应比网高 30~50 厘米。从端线打的斜线球应比网高 50 厘米以上，这是因为这样的球比擦网球更能落到有角度的地方。

蓝队队员在右区，红队队员在左区轮流发球，每人连续发两个球，都发外角球，一定次数后四名队员换区发球。

发内角球练习

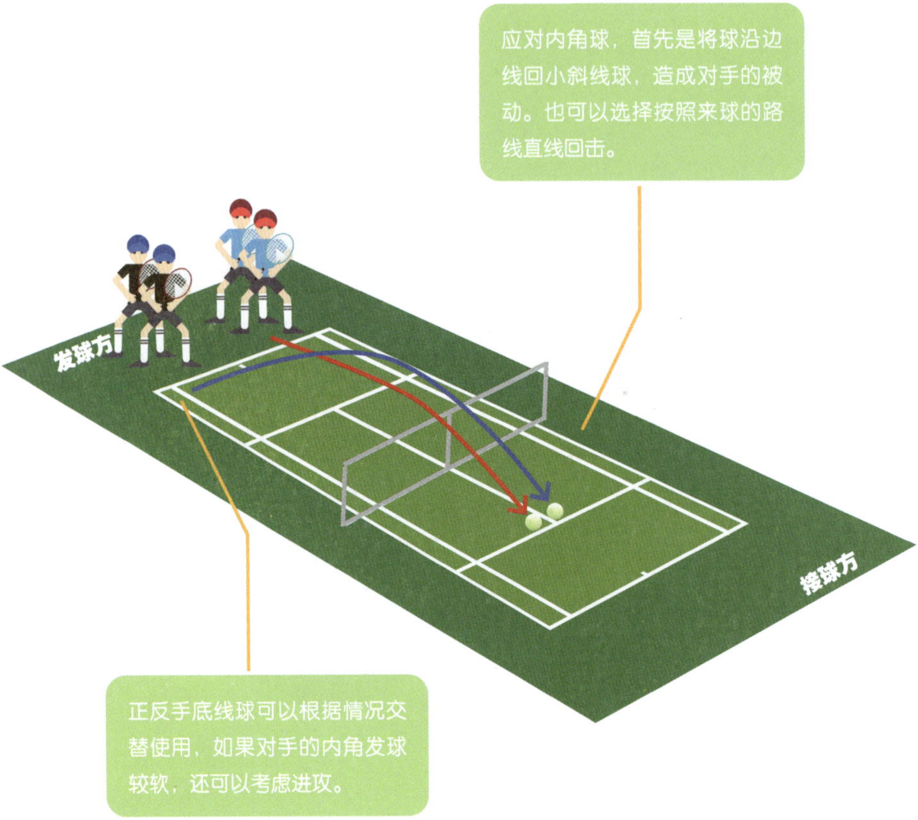
应对内角球，首先是将球沿边线回小斜线球，造成对手的被动。也可以选择按照来球的路线直线回击。
发球方
接球方
正反手底线球可以根据情况交替使用，如果对手的内角发球较软，还可以考虑进攻。

蓝队队员在左侧，红队队员在右侧，左右轮流发球，红队与蓝队队员每人连续发两个球，都发内角球，一定次数后四名队员换区发球。

发球对抗练习

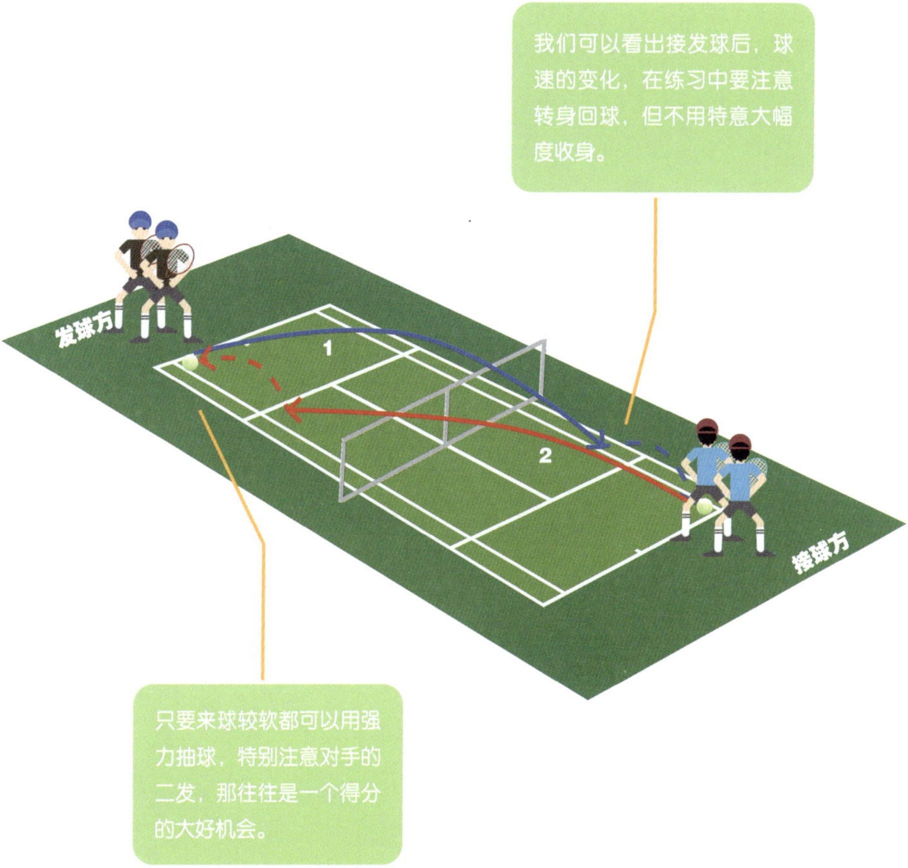

我们可以看出接发球后，球速的变化，在练习中要注意转身回球，但不用特意大幅度收身。
发球方
1
2
接球方
只要来球较软都可以用强力抽球，特别注意对手的二发，那往往是一个得分的大好机会。

蓝队队员在右区进行发球（1）。红队队员在左区轮流发球（2）。每人连续发两个外角球，一定次数后四名队员换区发球。发球练习应按照比赛规则进行。

发球上网拦截练习

较软的发球，可以直接抽球或者削球，然后随球上网截击得分。向前迎击来球，并果断沿回球线路迅速接近网前，同时准备截击。

对手发内角球，可以将球回至其脚下，逼迫其在低于网处被动回球，己方趁机攻击穿越。

蓝队队员两人轮流在底线做发球徒手动作后上到网前，跑至发球线前面做分腿垫步（1）。将红队在对方场内送来的球（2）拦回（3）。完成后回到底线位置。

在完成分腿垫步动作的时机要准确，将球斜线拦回。

发球上网连续拦截练习

接发球队员接球时要对着发球上网队员抽球。接发球回球的落点要靠近底线。

上旋球不仅会让你用力击球却不至于线路过长，还会让你的斜线球落点刁钻，并产生过网急坠的效果，在对手向前移动的过程中将球打到他们的脚边。发球队斜线拦截，接发球队员回击球到位。

蓝队队员两人轮流在底线做发球动作后上到网前，跑到发球线前做分腿垫步（1）。将红队在对方场内送来的球（2）拦回（3）。然后再向前移动到网前做分腿垫步（4），红队回球（5）。之后蓝队队员再将红队送来的第二个球拦截回去（6），完成后回到底线。这是为了练习队员的移动与拦截动作的连贯性与协调性，并且将球斜线拦截。